Jean-Marie Claudé

Mes oiseaux-lyres

Portraits

Mes oiseaux-lyres

Du même auteur

Les vives-eaux (nouvelles)	Janvier 2016
Le passe-boules (poésie)	Janvier 2016
Le compte-tours (poésie)	Janvier 2016
Mes oiseaux-lyres (portraits photos)	Février 2017
L'effet-tunnel (théâtre)	Mars 2017
Les murs-graphes (photopoésie)	Mars 2017
Le tourne-oreille (roman)	Août 2017
Le porte-bouquet (nouvelles)	Février 2018
Mes procès-verbaux (éphéméride)	Août 2018
Le peuple-volcan (photopoésie)	Mars 2019
Nos rendez-vous (correspondance)	Juin 2019
Les femmes-abeilles (roman)	Août 2020
L'enfant reine (théâtre) –	Novembre 2020
Les porte-bagages (roman)	Juillet 2021
Les mal-aimés (roman)	Avril 2023
L'à-pic (roman)	Décembre 2023
Le cache-misère (nouvelles)	Octobre 2024
Nouvelles de Châtel (nouvelles)	Février 2025

©Tous droits réservés jimifa.claude@gmail.com

Mes oiseaux-lyres

Jean-Marie Claudé est né dans les Landes. Durant son enfance, il a pris goût à la nature par la lecture. Ce sont les aventures de ses héros qui l'ont conduit à se fixer des défis sportifs, à voyager le plus souvent possible, à aimer la littérature et à la transmettre. Ses lectures l'ont emporté vers Rimbaud, Kessel, Monfreid, Troyat, mais aussi vers Frison Roche, Herzog, Rebuffat, Audoubert, Messner… et vers des philosophes. En 2012, il fonde l'Association des Femmes Abeilles pour venir en aide aux femmes les plus démunies du monde. L'aventure intérieure lui a toujours semblé la plus belle lorsqu'elle s'ouvre sur un humanisme à la recherche du progrès.

« Nous sommes tous des oiseaux-lyres : un appareil de photo nous alerte et nous convie en même temps à paraître au mieux de notre forme… une sorte de parade amoureuse avec l'objectif. Mais la photo n'est qu'un instant de mémoire, le trophée du chasseur… sans violence et sans arrogance, une rencontre avec affection et reconnaissance.
Tous ces portraits ont été pris durant cinq années, en France, en Éthiopie et en République de Djibouti où mon épouse et moi avons créé l'association humanitaire des Femmes Abeilles. »

Jean-Marie Claudé

Mes oiseaux-lyres

Mes oiseaux-lyres

A Céline

Mes oiseaux-lyres

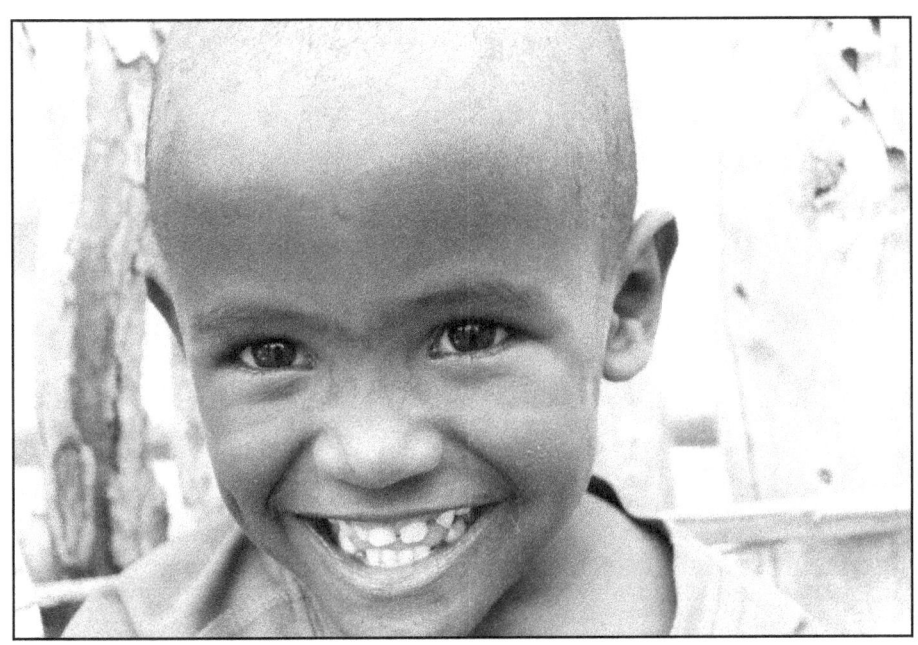

Nous l'avons connu encore bébé. Chaque année, nous retrouvons son grand sourire avec bonheur. Mais nous le voyons aussi se charger peu à peu des problèmes de la vie : malnutrition, analphabétisme, mauvaise santé, pauvreté absolue…

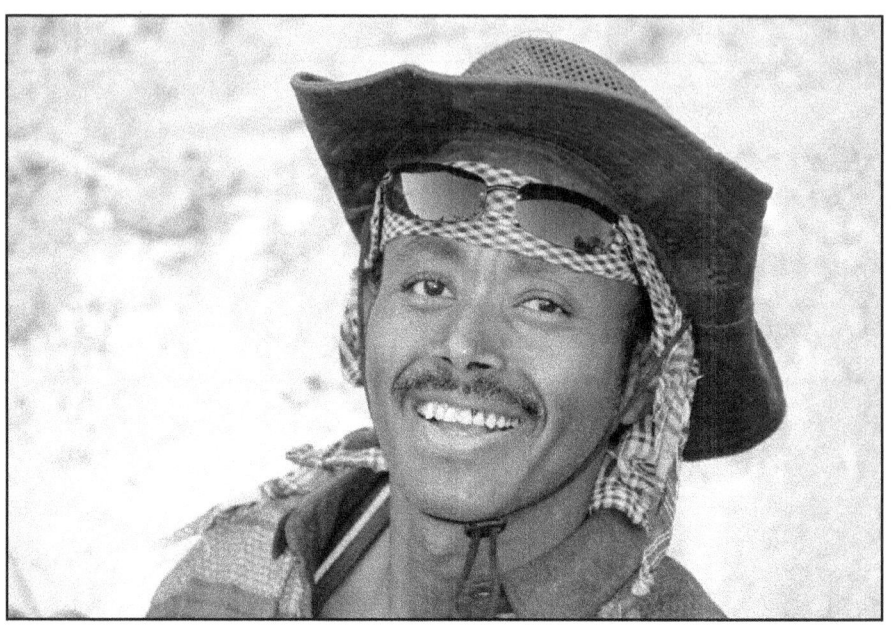

A la recherche d'une identité, il a multiplié les accessoires. Il peut ainsi offrir l'image d'une mâle assurance et d'une certaine séduction.

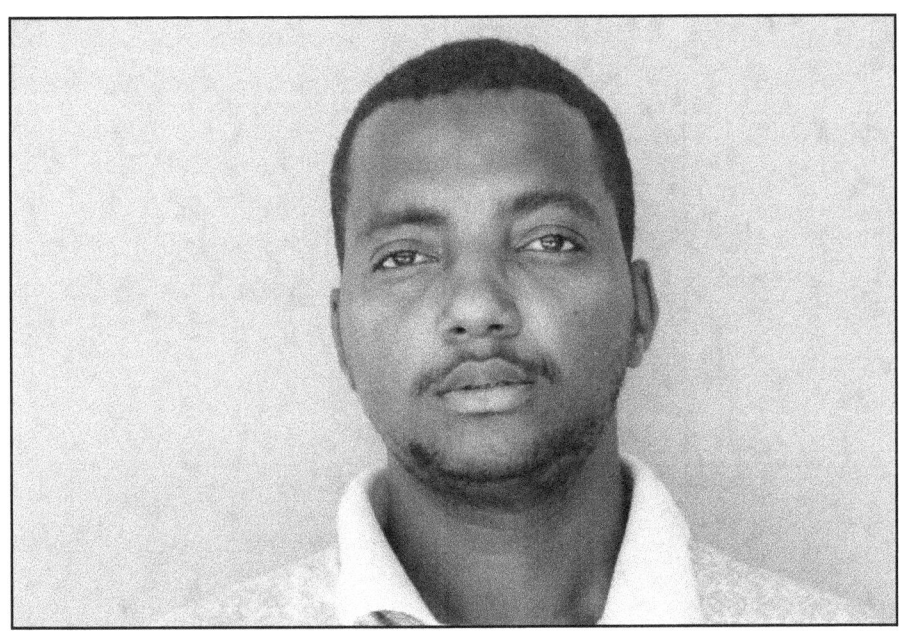

L'ami Ahmed, l'ami fidèle et droit qui nous apporte tant. Il nous permet de rencontrer les gens, de découvrir les traditions, de comprendre et d'aimer son pays.

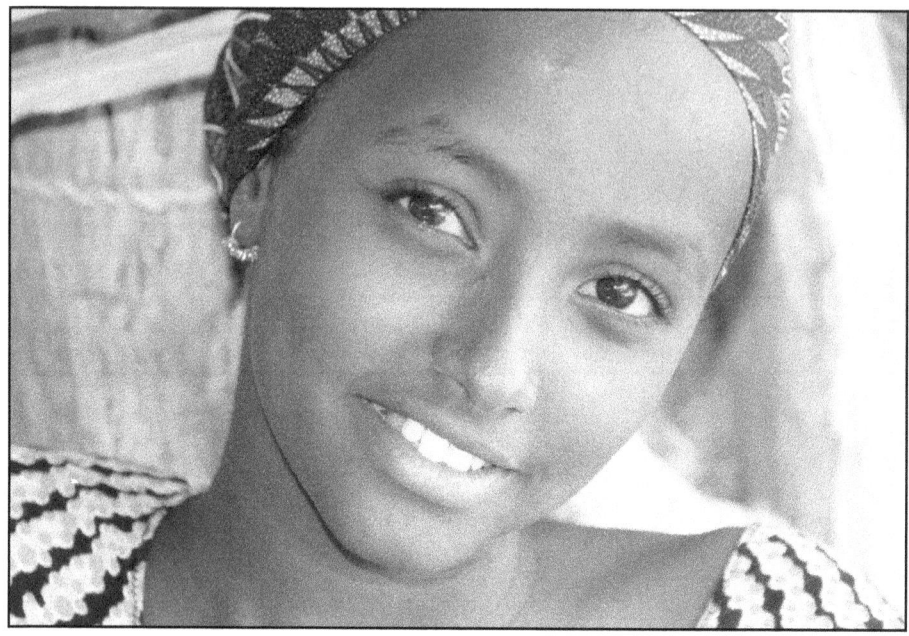

Douce et féline. Femme et toujours enfant. Sûre de son charme et pourtant hésitante. Elle a tous les symptômes de l'adolescence.

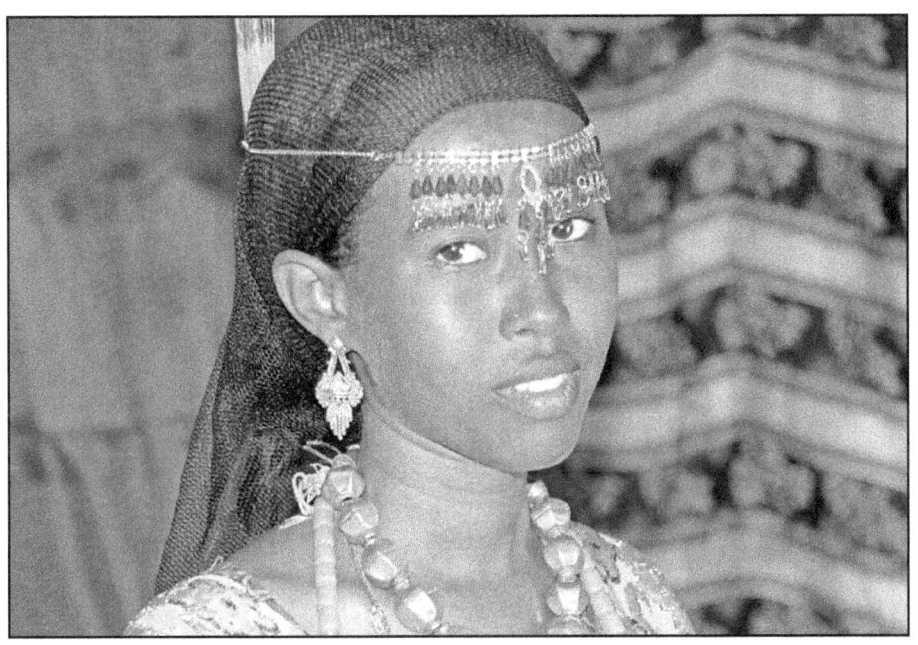

Dans de superbes éclats de rire, elle m'a parlé des traditions en lutte contre la modernité. Ceux de son âge ne veulent pas séparer les générations, mais réunir la sagesse des anciens et l'énergie de la jeunesse.

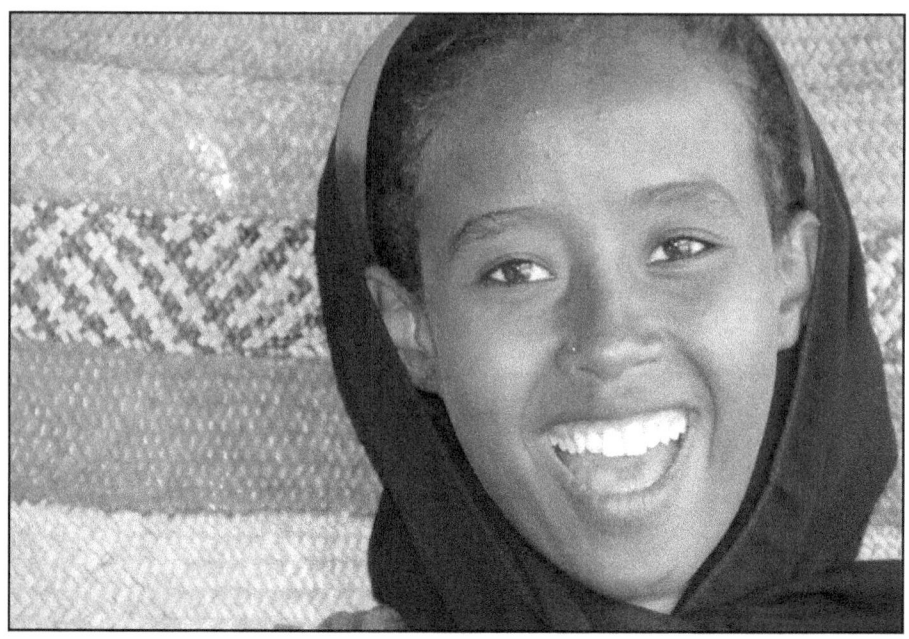

Un immense sourire illumine cette jeune fille pleine d'optimisme et de fougue. Elle attend tout de la vie. Elle aime son pays, même s'il n'est pas facile d'y rester.

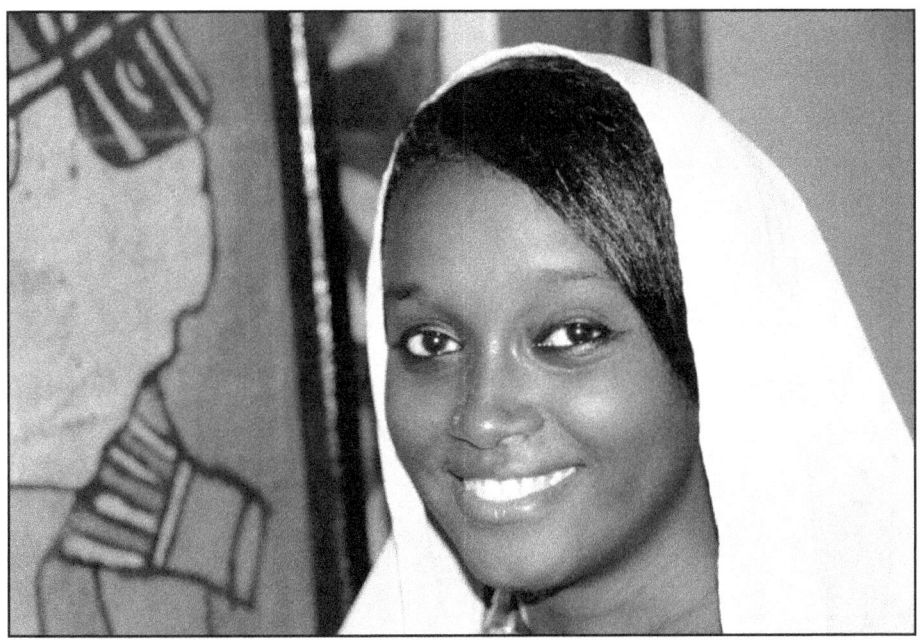

Elle nage dans le bonheur, cette jeune mariée. Elle est belle et naturelle. La tradition la veut soumise, mais elle explose d'intelligence et de personnalité.

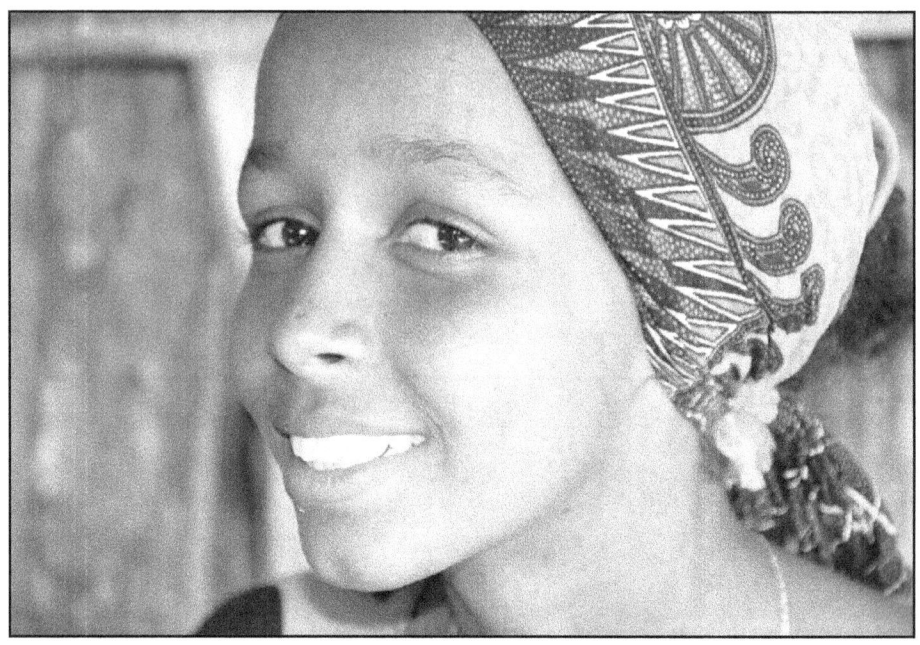

Un brin malicieuse... Est-ce pour la pose ou pour taquiner l'objectif qu'elle lance ce sourire de biais ? Elle joue, voilà tout !

Mes oiseaux-lyres

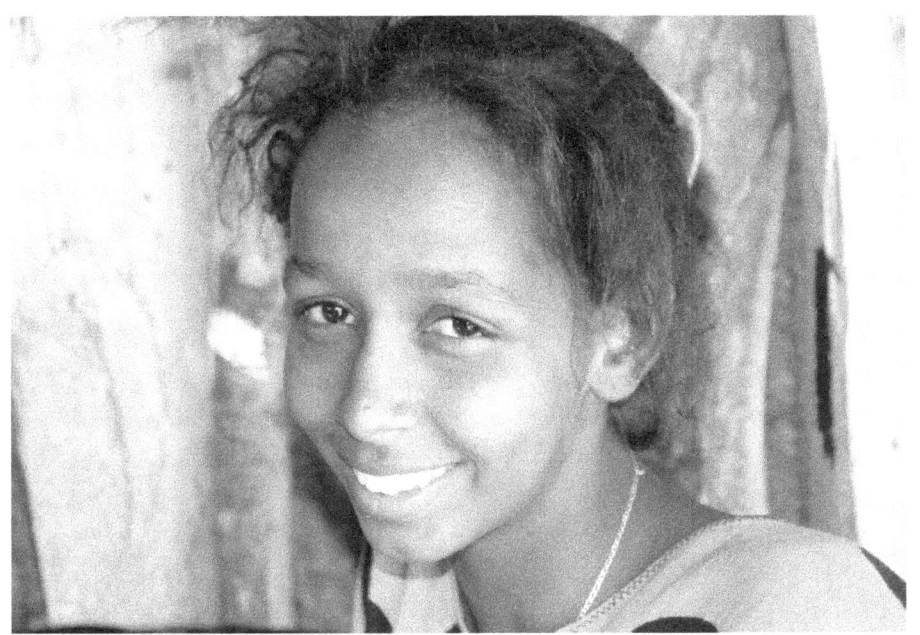

J'admire ces jeunes filles qui supportent les charges les plus difficiles dès l'adolescence mais qui avancent dans leur vie avec douceur, tolérance, courage et confiance.

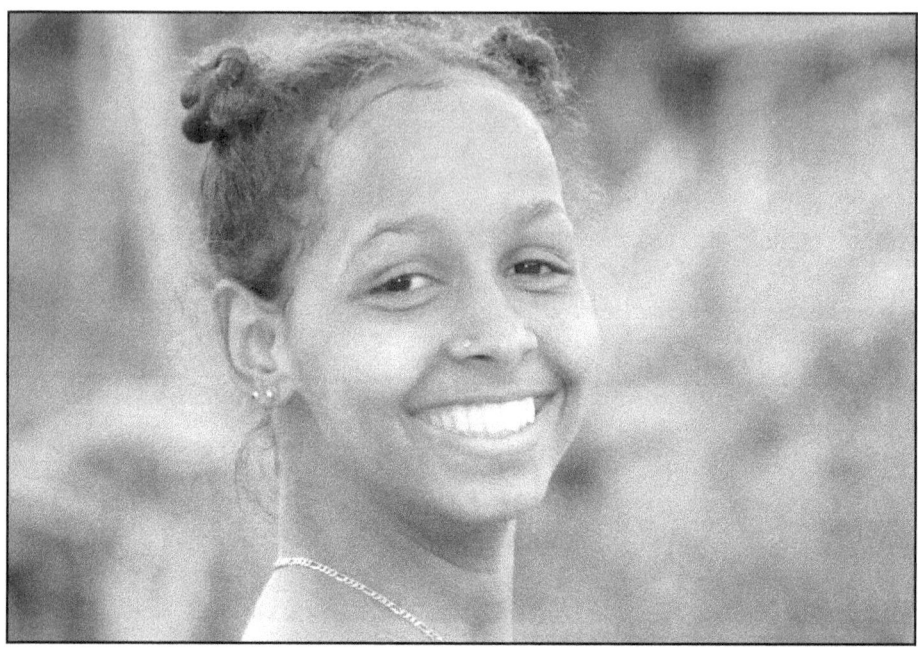

Elle est jeune et fière, enchantée d'être photographiée. Naturelle, elle se dévoile sans se compliquer la vie.

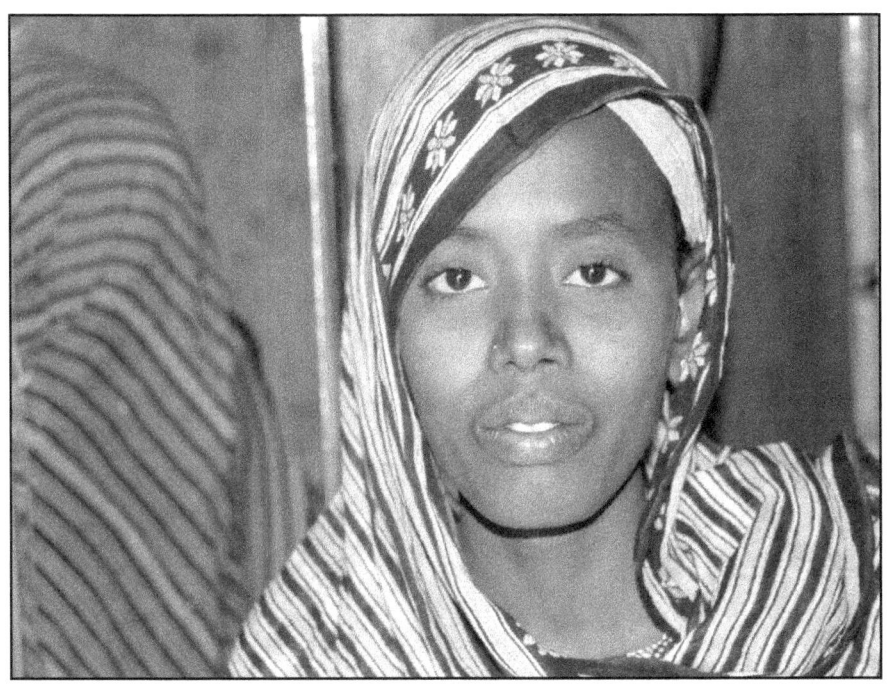

Partagée entre le devoir familial et le désir de liberté, entre l'enfermement urbain et les vastes espaces ruraux, il est difficile pour une jeune femme de vivre selon ses aspirations.

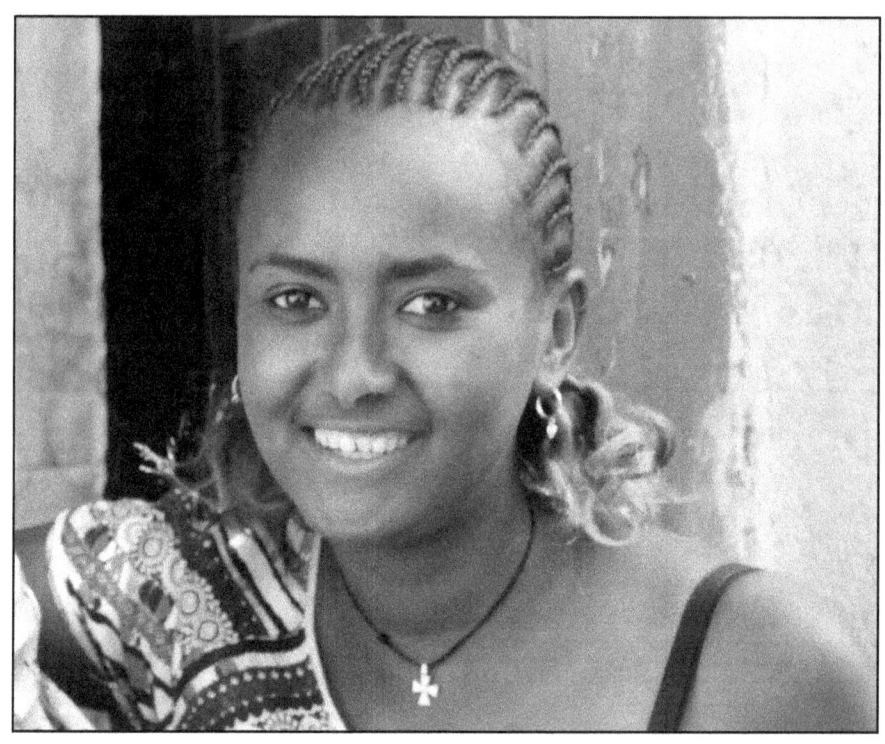

Pendant 3 jours, Alem nous a fait découvrir Harrar, la vieille ville mythique. Moderne, enjouée, elle a su aussi nous parler de la vie difficile des femmes éthiopiennes.

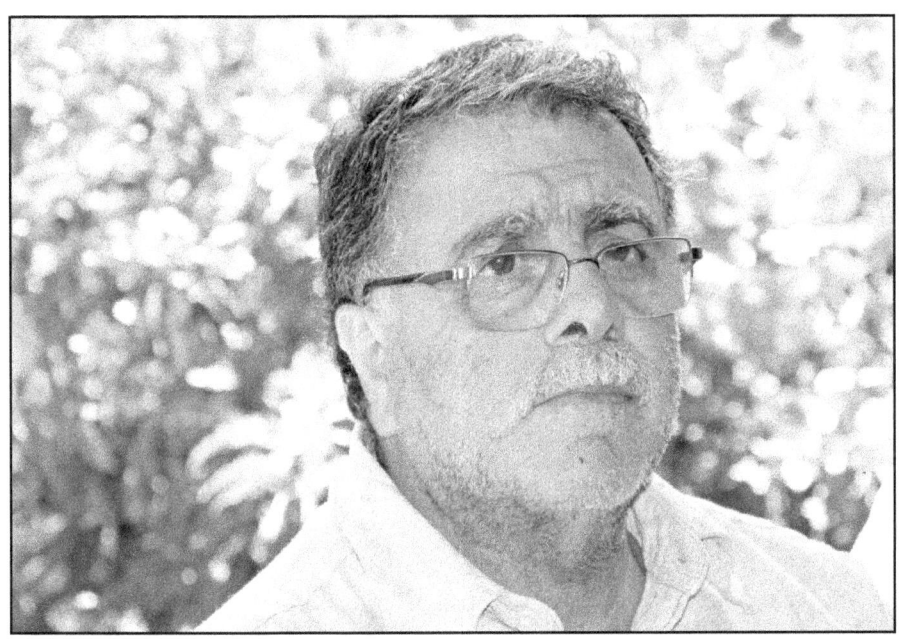

Sentiment d'inquiétude et d'incertitude. Malgré la patience et l'espoir de jours meilleurs, il a assisté pendant un demi-siècle à la longue agonie et aux tentatives de renaissance de son pays.

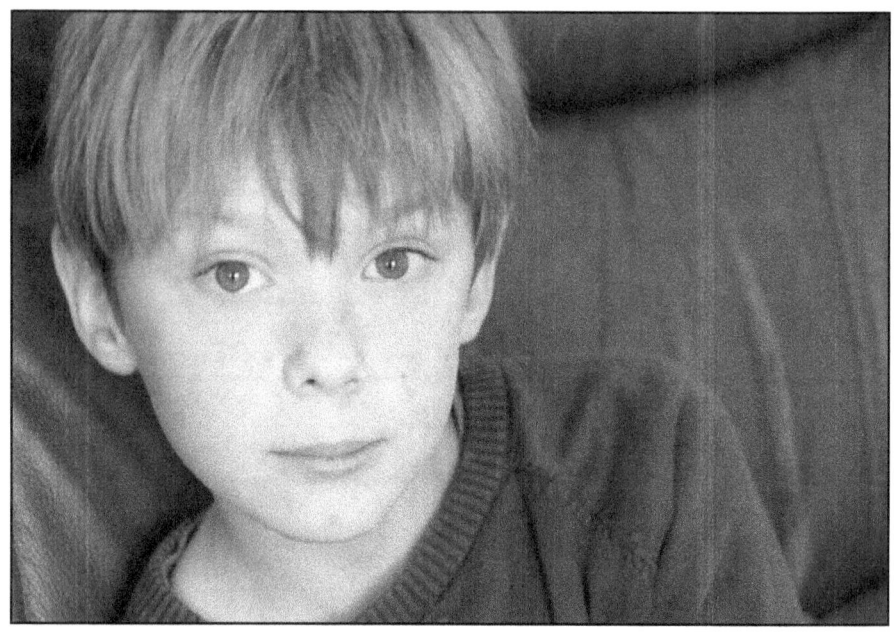

Finesse des traits, harmonies des courbes… Le modèle est surpris et surprend le photographe qui ne s'attendait pas à tant de simplicité et de naturel.

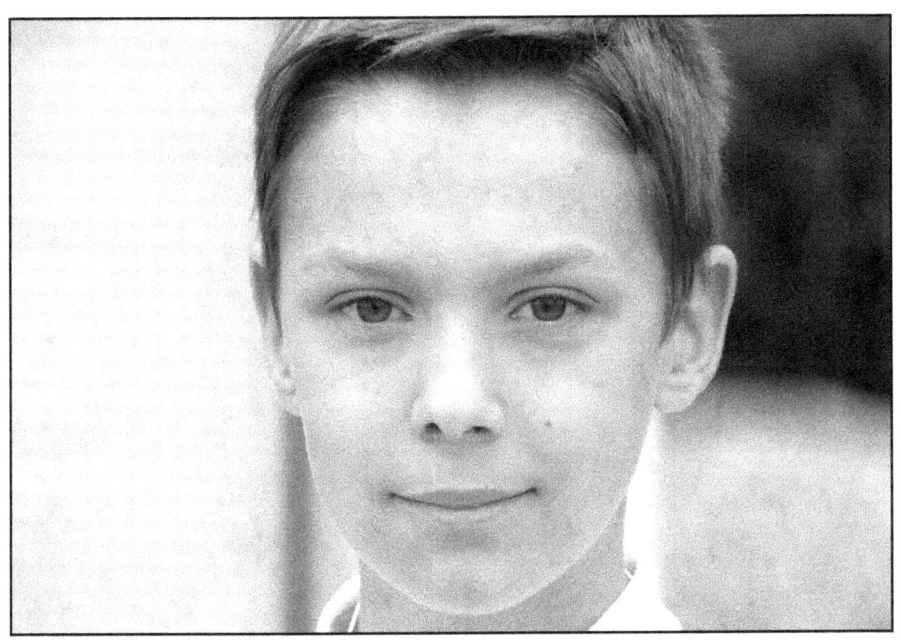

Une légère fatigue ne dénature pas la douceur du visage. L'enfant est paisible, il goûte l'instant. Il sera bientôt un homme.

Mes oiseaux-lyres

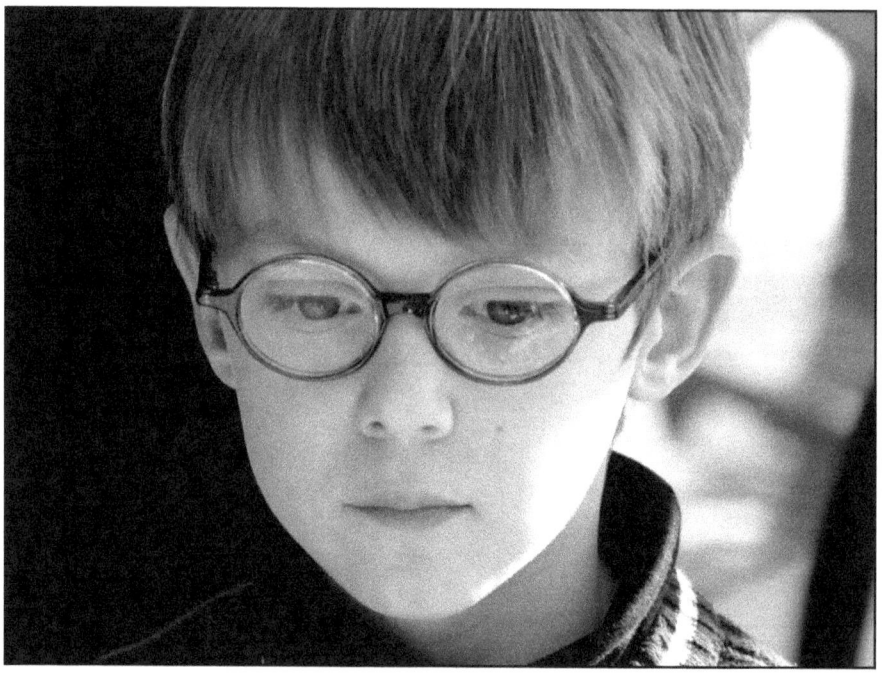

C'est le moment de lire ! Comme beaucoup d'enfants, il découvre Harry Potter et se jettera à corps perdu dans ces milliers de pages qui donnent le goût de la lecture...

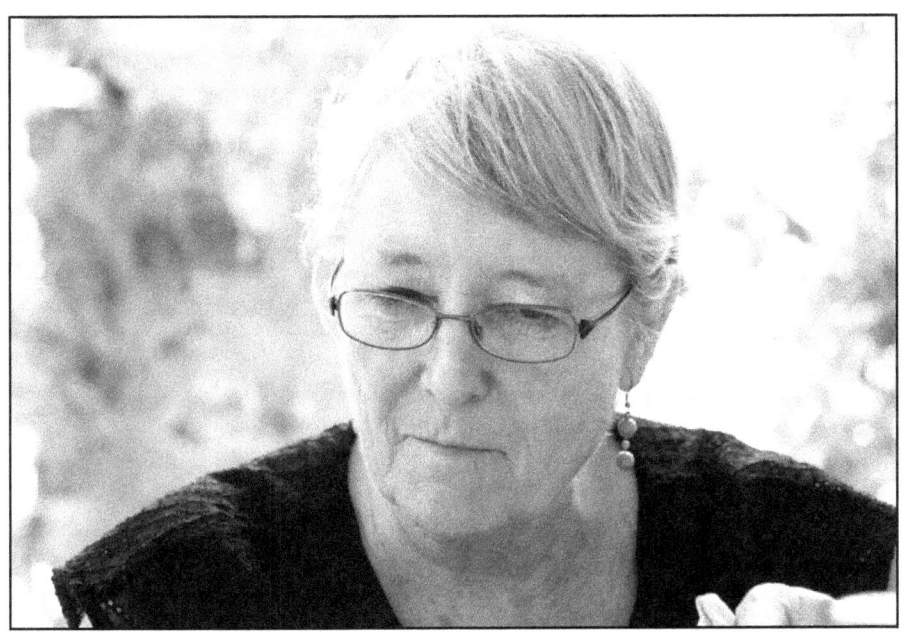

A ce moment-là, son regard plonge dans les affres de l'incertitude. Elle sait pourtant la force de ses convictions et de ses choix. Mais que peut-on faire quand rien ne va plus ?

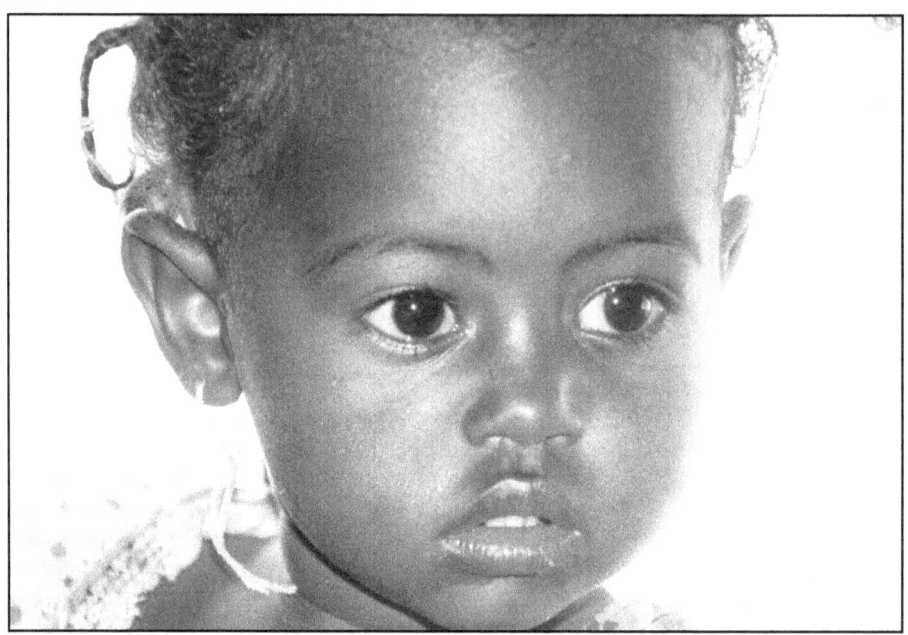

Elle n'a pas l'ignorance habituelle des bébés. On dirait qu'elle s'inquiète et qu'elle désapprouve. Le photographe l'intéresse beaucoup moins que ce qui se passe à côté.

Mes oiseaux-lyres

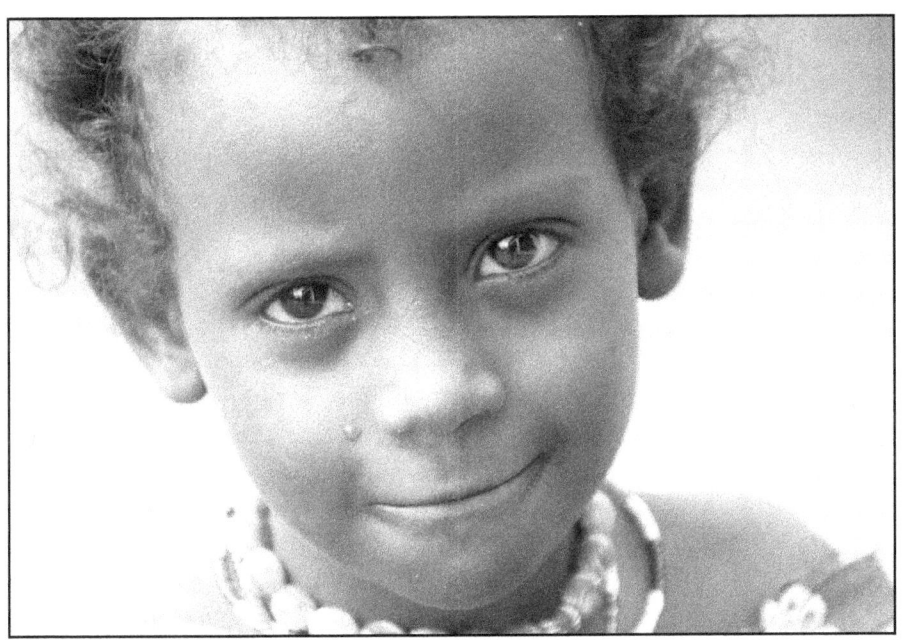

On dirait que cette petite fille souffre pour moi :
pauvre monsieur ! que cherches-tu avec cet appareil
de photo ? que puis-je te donner ?

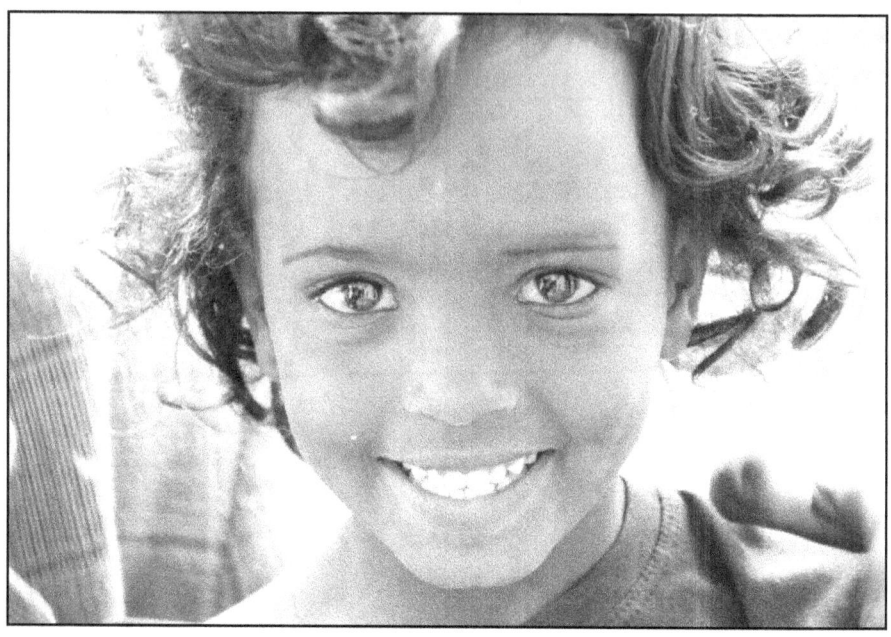

C'est le plus beau visage souriant qu'il m'ait été donné de rencontrer dans une rue. Un village coincé entre deux montagnes désertiques, des sentiers entre de pauvres maisons de pierre, mais une population magnifique.

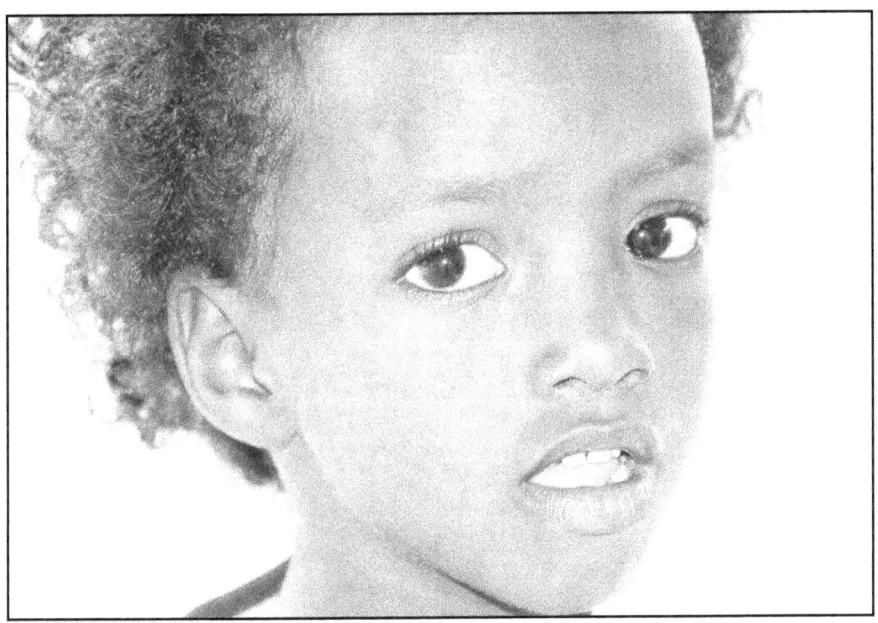

La bouche ouverte marque l'étonnement et l'hésitation dans ce joli visage enfantin. Malgré cela, se faire prendre en photo est recherché et apprécié. Les enfants se battent pour acquérir une sorte d'identité.

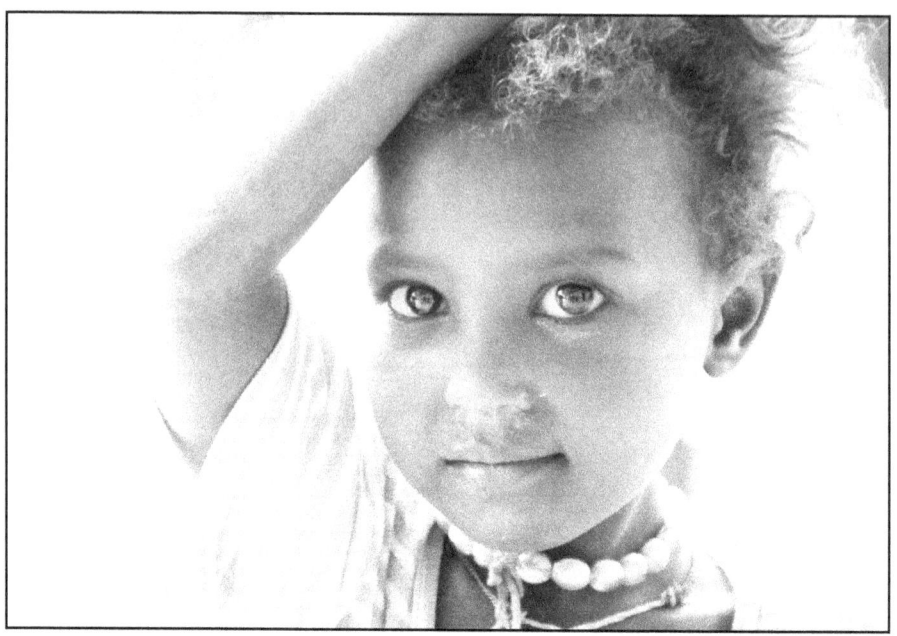

Après un instant de crainte devant l'objectif, cette petite fille a inventé des poses et des mouvements qu'elle savait intéressants et photogéniques. Instinct ou imitation ?

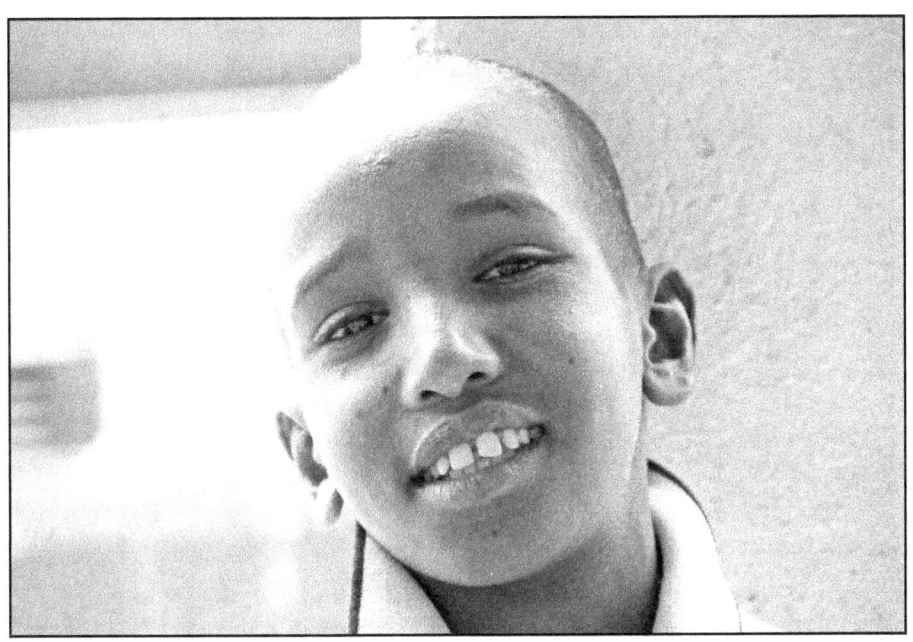

Une petite fanfaronnade s'est vite transformée en sourire amical. Il n'y avait pas la moindre peur chez cet enfant qui me toise superbement.

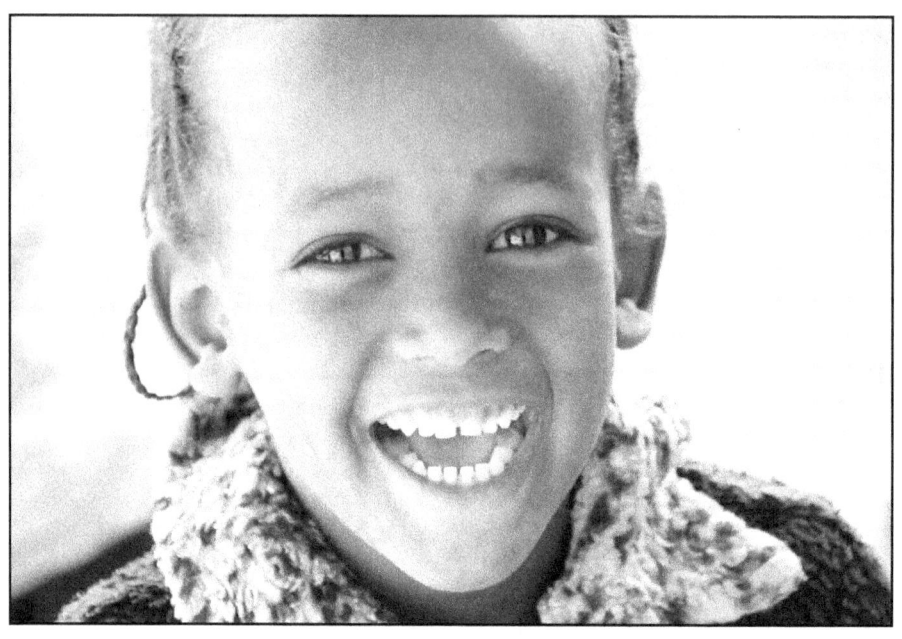

Éclat de rire devant l'appareil. La fillette ne se pose pas de questions, elle est naturelle, elle aime cet instant et offre son sourire enjoué.

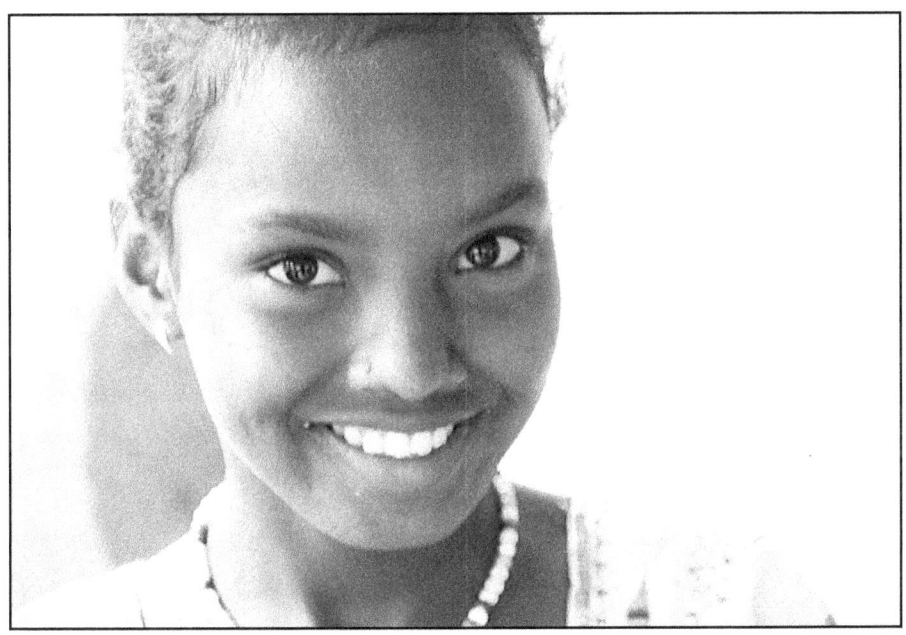

Les jeunes musulmanes hésitent entre la réserve traditionnelle des adultes et l'insouciance des enfants. Pour elle, le plaisir d'être photographiée est direct, franc et total.

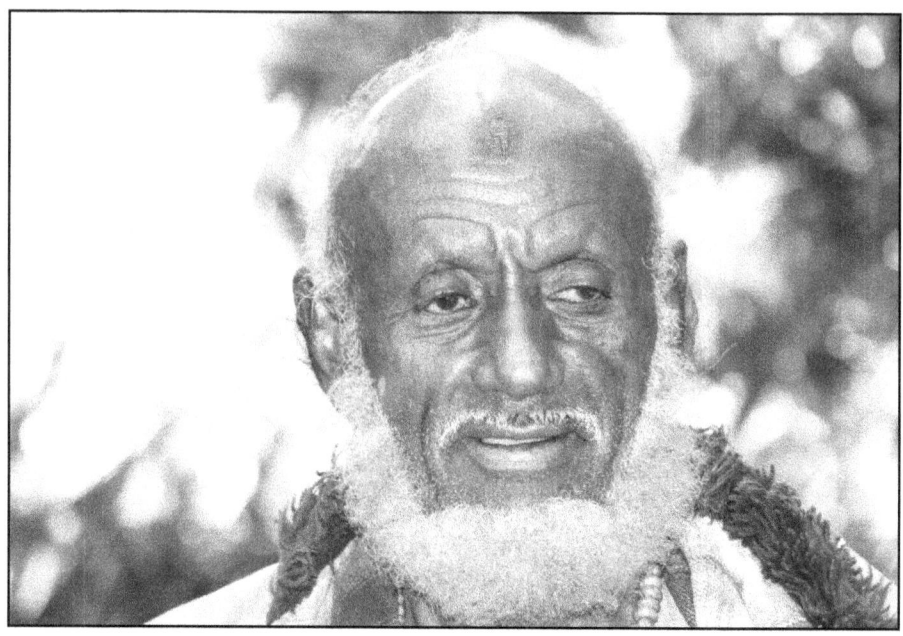

Dans un jardin de Bankoualé, j'ai admiré la barbe teinte et le visage serein de ce jardinier qui s'émerveillait de voir l'eau ruisseler.

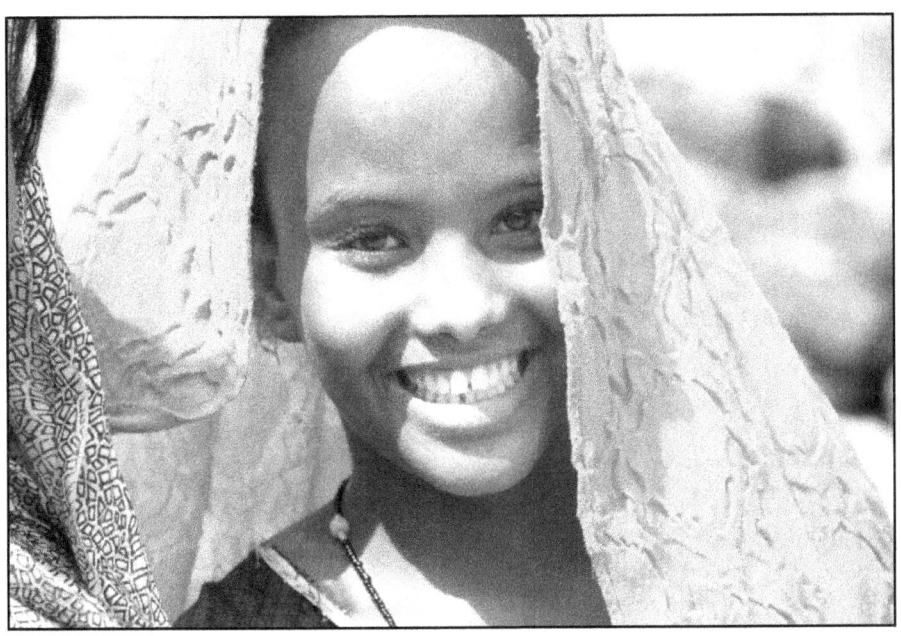

Elle est venue chercher une photo et elle a donné son plus beau sourire en jouant avec son voile. Tout simplement mais avec une grande élégance.

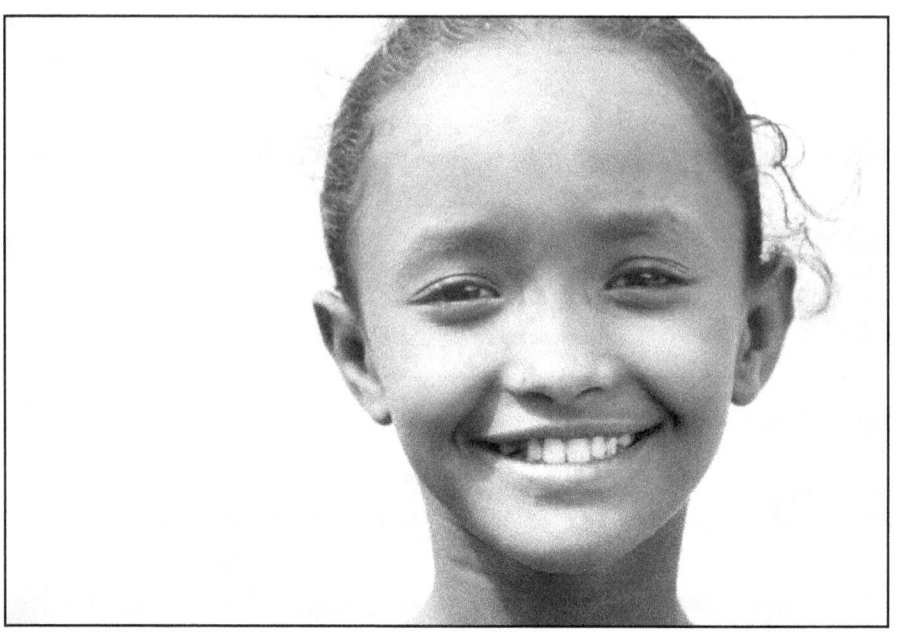

Ce visage accueillant, on le retrouve très souvent chez de nombreuses femmes afars. Dès qu'elles apprennent notre identité, elles nous reçoivent dans leur communauté avec affection.

Mes oiseaux-lyres

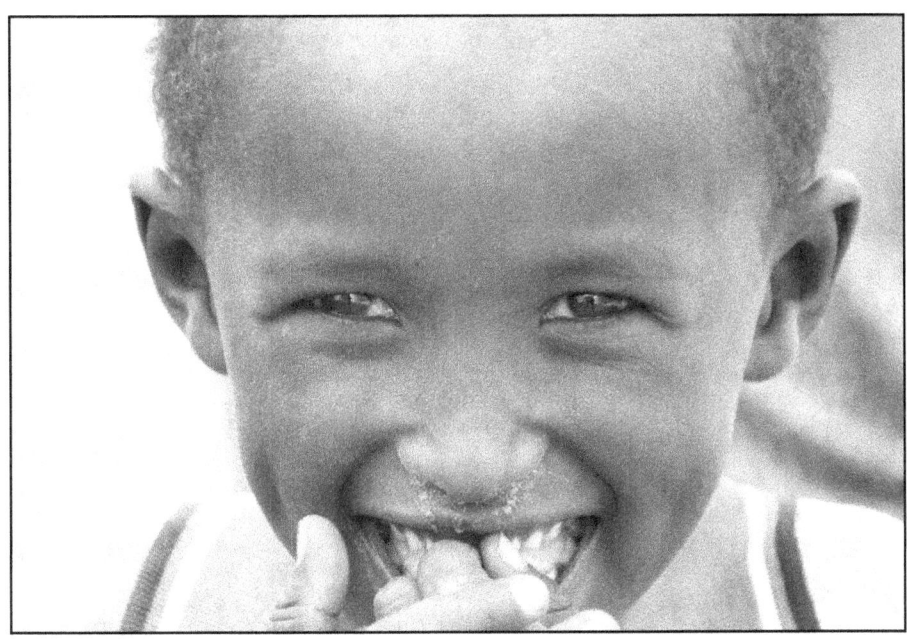

Dans la rue, il est venu nous taquiner de la main pour voir comment nous allions réagir… Et de voir que je le trouvais intéressant, l'amusait beaucoup.

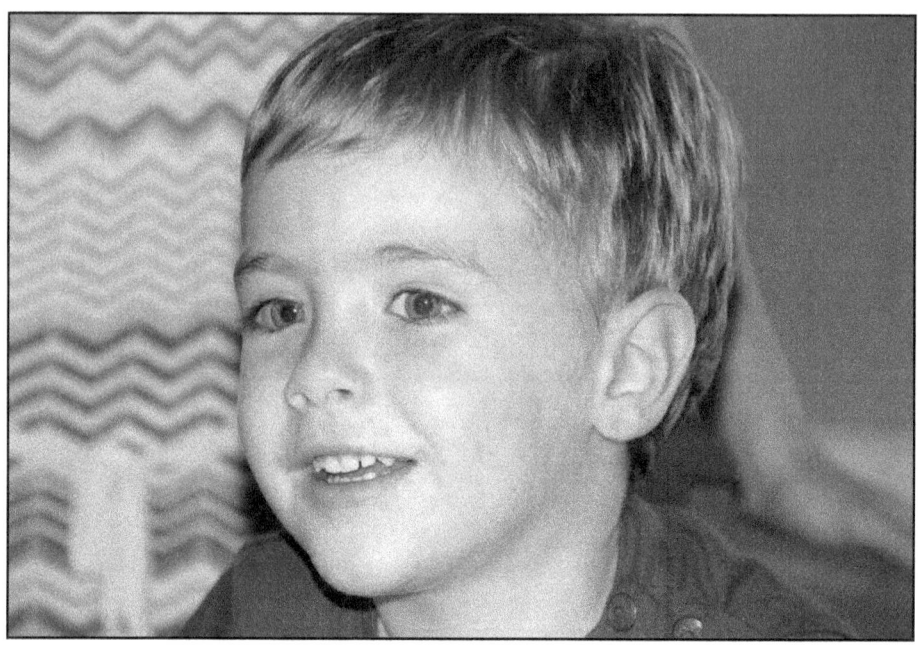

Il virevolte et se pose, il étudie la situation et sourit, il veut être admiré et se cache aussitôt... Ses yeux pétillent, sa joie illumine.

Mes oiseaux-lyres

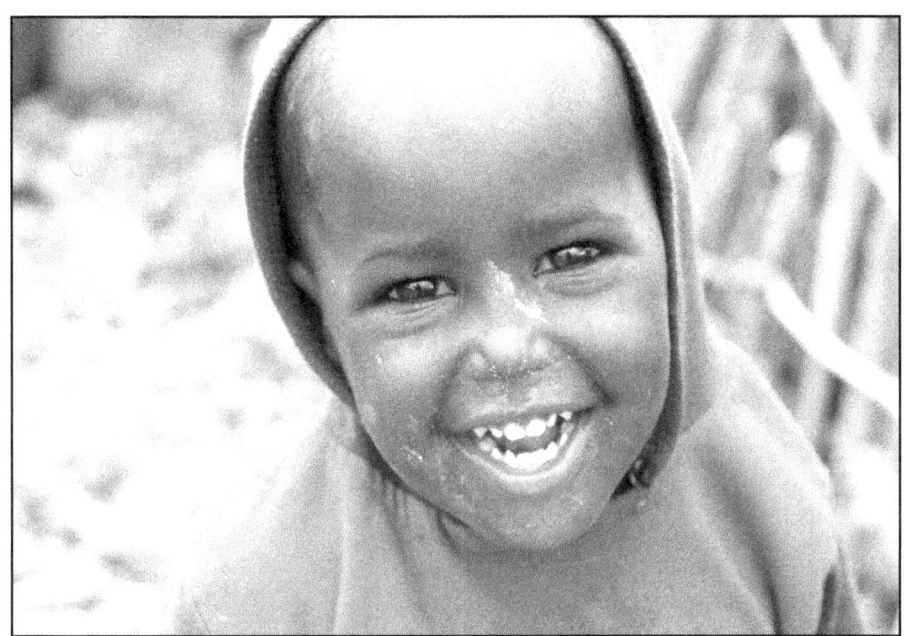

Il sait qu'il est drôle et que je le trouve amusant. Il explose de rire quand je le vise avec mon objectif.

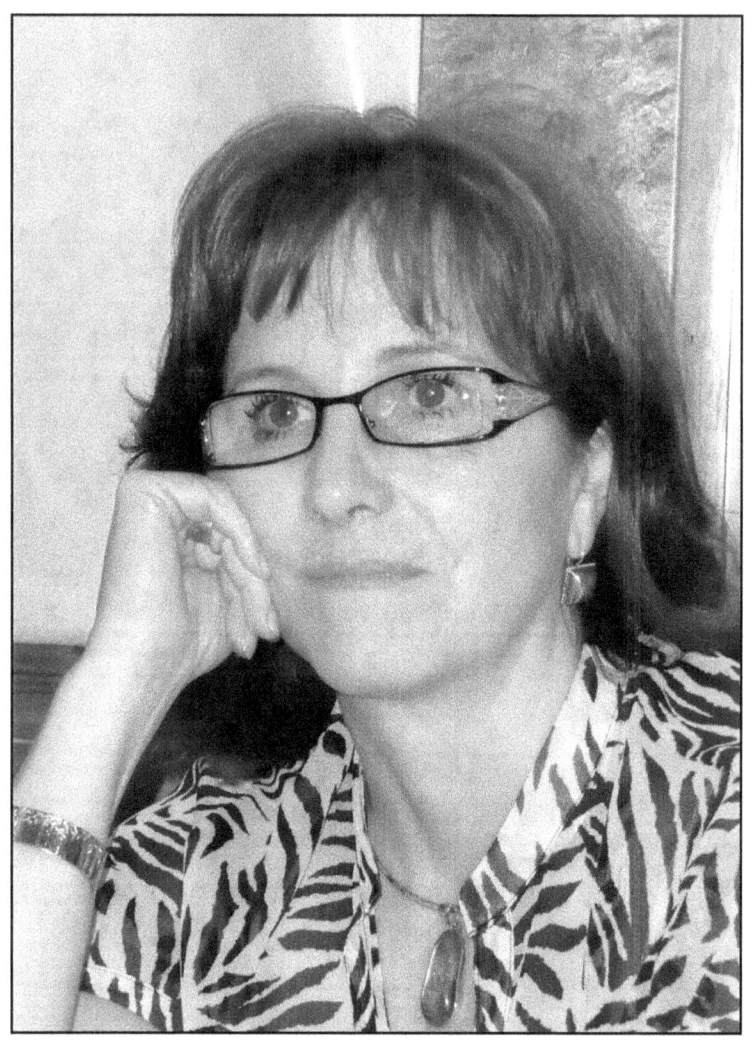

Pose assurée et rassurante d'une personne déterminée et chaleureuse. Elle partage aisément son enthousiasme et sa quiétude.

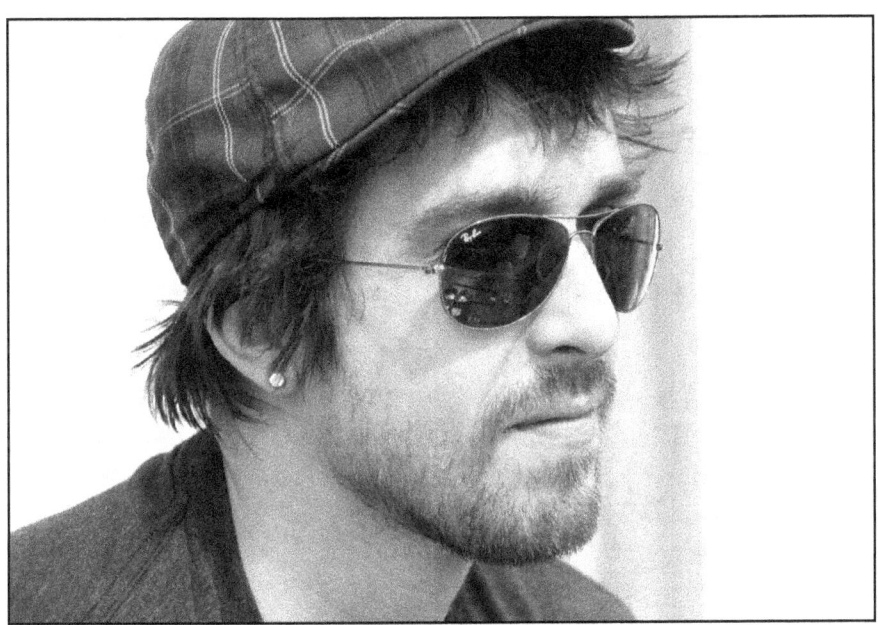

Tout le look de l'aventurier. Il est clair que les voyages permettent de se préparer un chez-soi et de mieux définir sa personnalité.

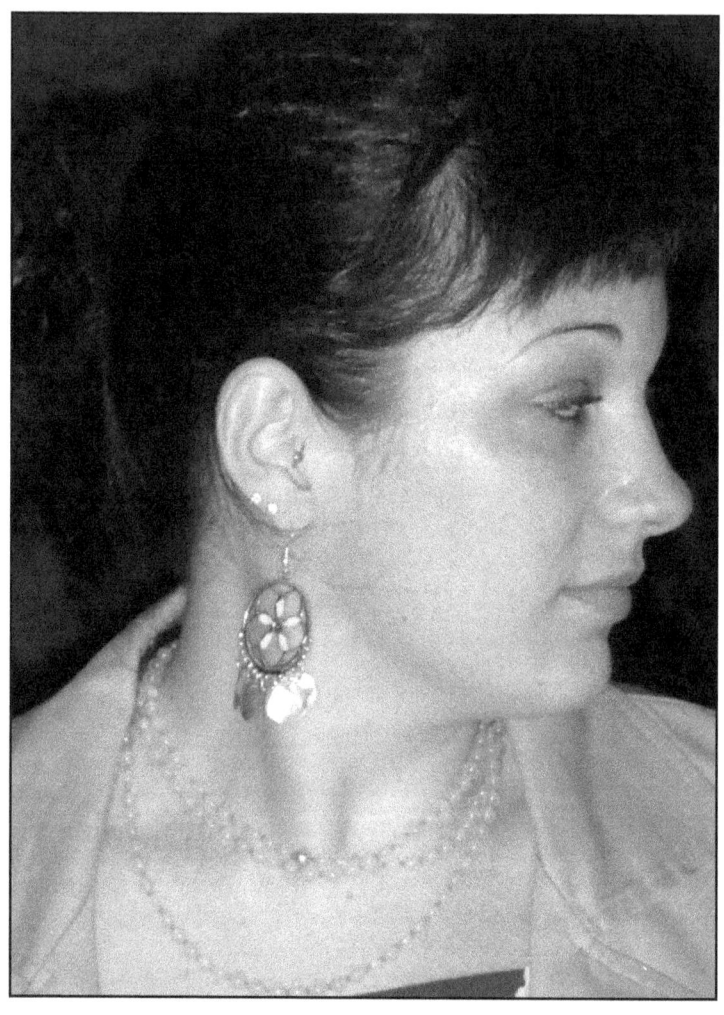

Dans les photos noir et blanc, les bijoux apportent une touche métallique à l'ivoire de la peau, à la douceur du grain. Les imperfections elles-mêmes sont mieux intégrées.

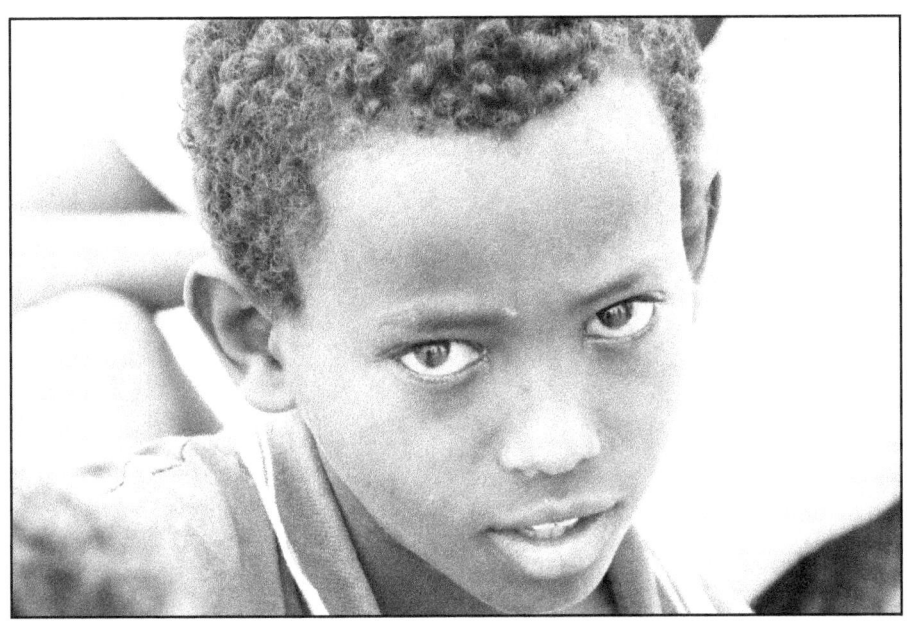

Il gardait des moutons sur les îlots de verdure du Lac Abbé. Pour ne pas mendier, il façonnait des statuettes d'argile qu'il nous vendait pour quelques centimes. Elles se délitaient aussitôt dans nos mains... Qu'importe ! L'honneur était sauf.

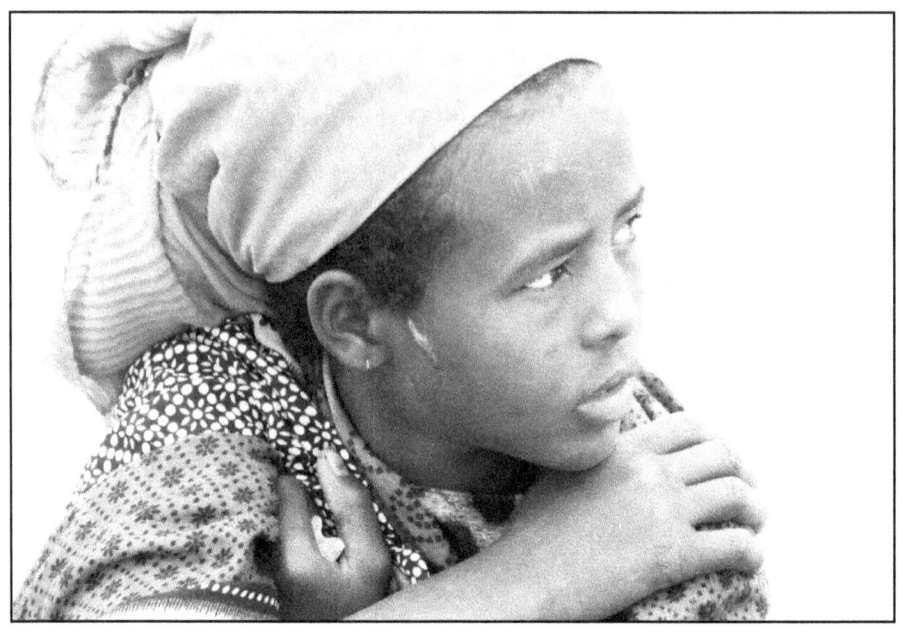

Sur les rives du lac Abbé, au milieu des pyramides de boue, entre les phacochères et les antilopes, elle regardait son frère façonner des statuettes d'argile.

Mes oiseaux-lyres

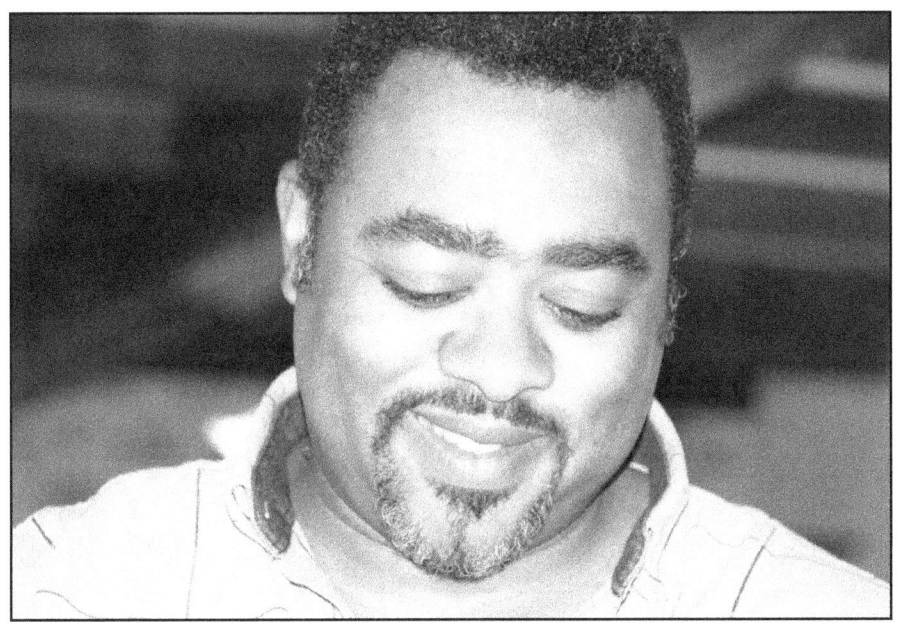

Non, ce n'est pas de la timidité. Il s'agit plutôt de compassion et de partage. Sa joie paisible est communicative.

Mes oiseaux-lyres

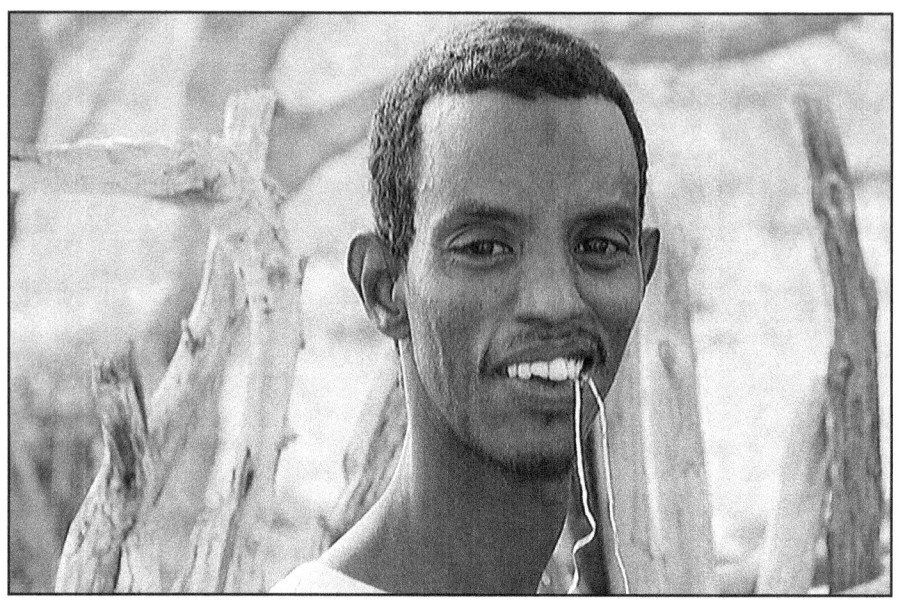

Sourd et muet, Bori communique intensément. Il venait à notre école et recopiait les lettres, les mots, les dessins avec patience et plaisir. Nos gestes et nos visages lui parlaient parfaitement.

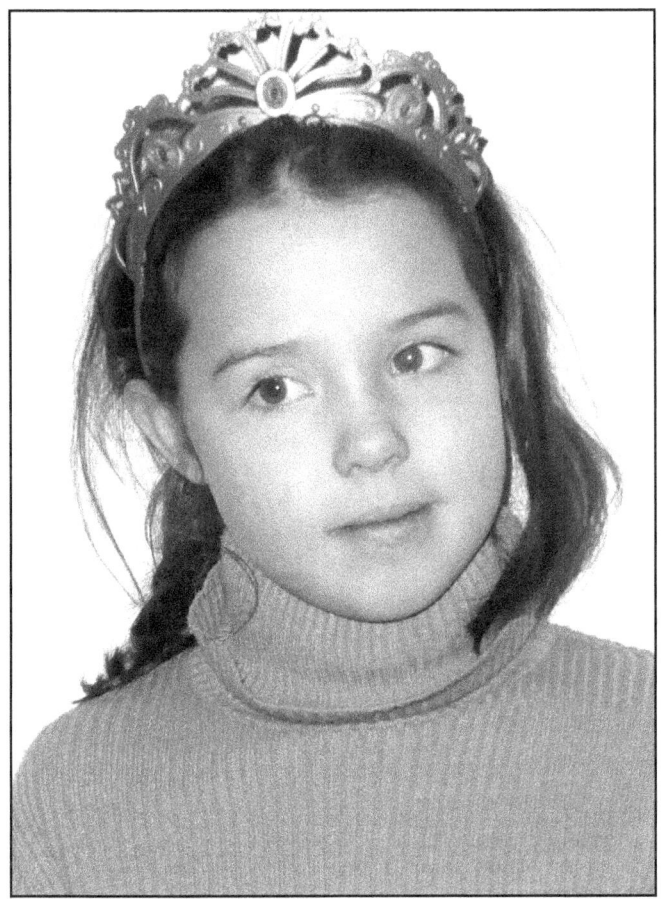

Jolie princesse sage. Le visage va bientôt sortir de l'enfance, mais pour l'heure il est rempli de douceur et d'innocence.

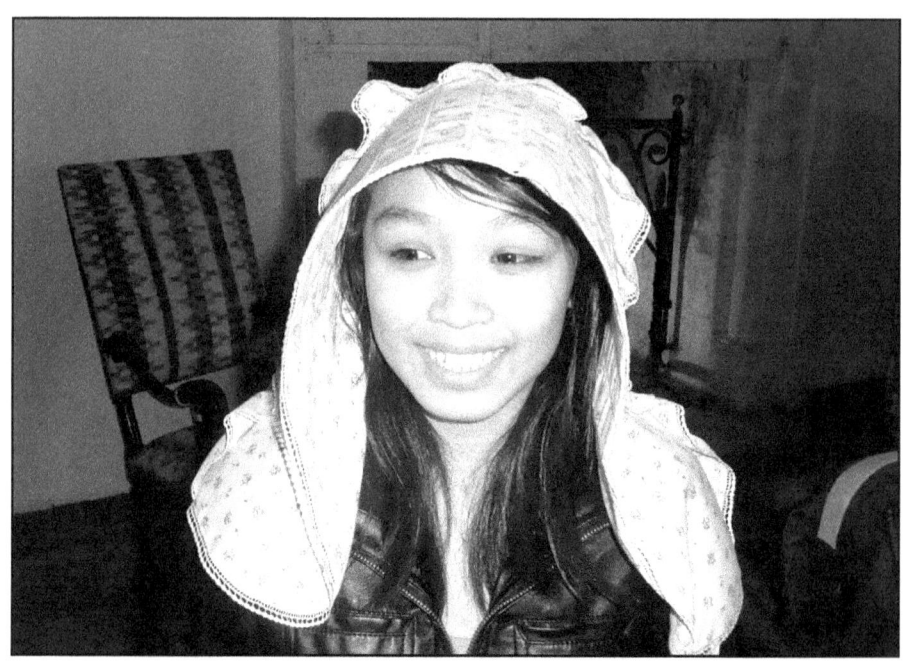

D'origine vietnamienne, elle n'a pas hésité à se coiffer d'une quichenotte charentaise au-dessus de son blouson de cuir... Mélange des genres bien seyant !

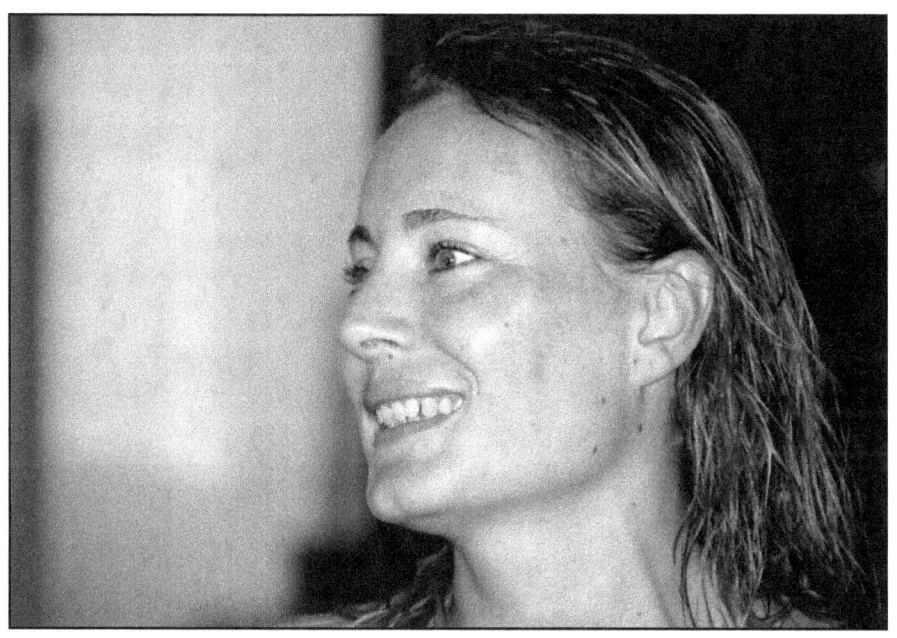

J'ai trouvé dans ce visage une clarté, une force et une majestueuse simplicité. Le personnage a les mêmes qualités.

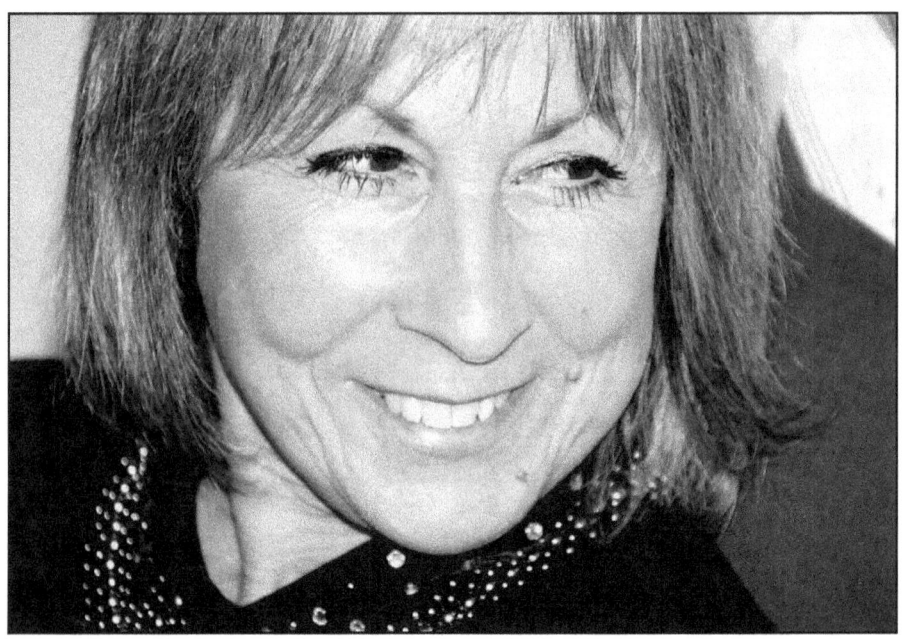

J'aime l'envol de ses émotions, de ses passions et de ses détestations. Puis elle se pose sur un sourire, rassurée.

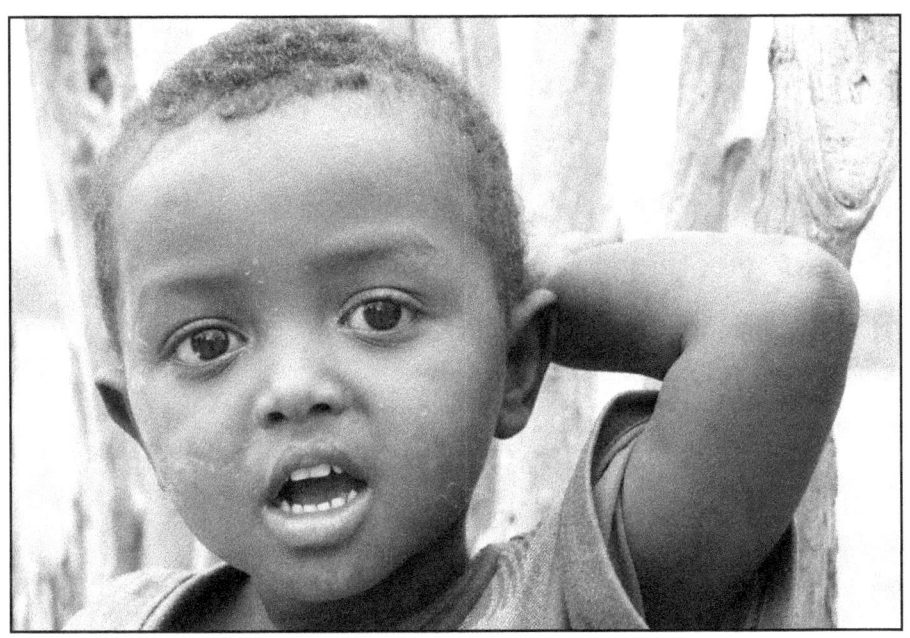

Son attitude était souvent guerrière. Tout bébé, il montrait une forte personnalité et il valait mieux ne pas le contrarier. Mais aujourd'hui, ce jeune enfant sait être curieux, accueillant et généreux.

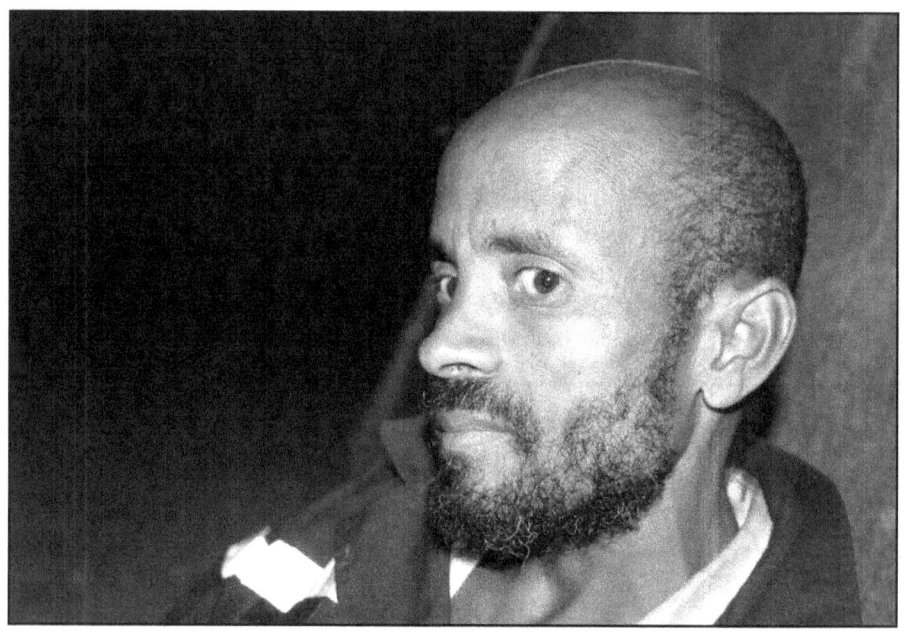

Pendant plusieurs mois, il nous évitait par timidité. Un soir, autour d'un feu, nous savourions la fraîcheur, il est arrivé décoiffé, il s'est assis et nous a écoutés avidement. Le flash nous a permis de découvrir son visage.

Mes oiseaux-lyres

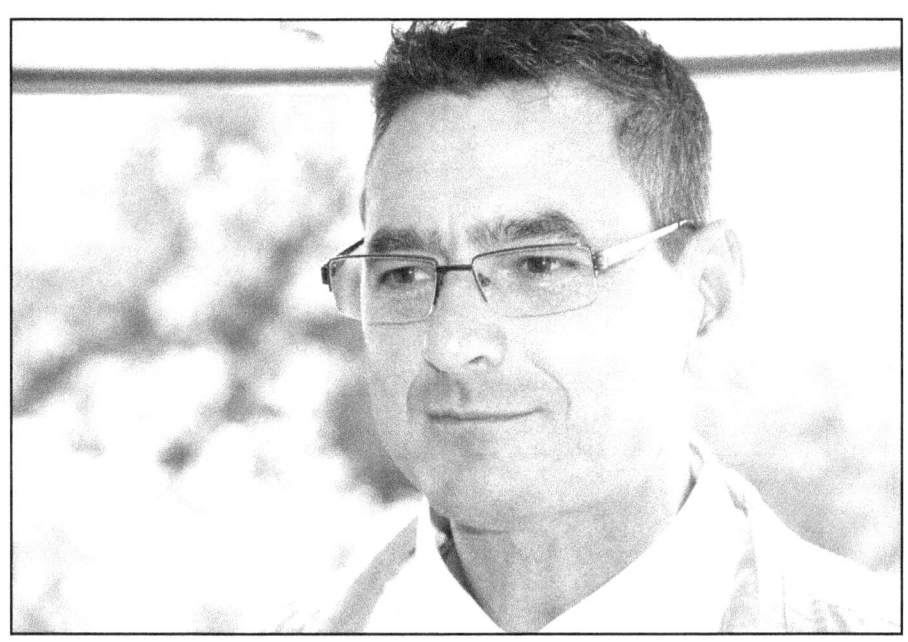

Un demi-sourire pour montrer que plus rien ne l'étonne. Une certaine hauteur de vue lui permet de relativiser et de trouver un peu de paix.

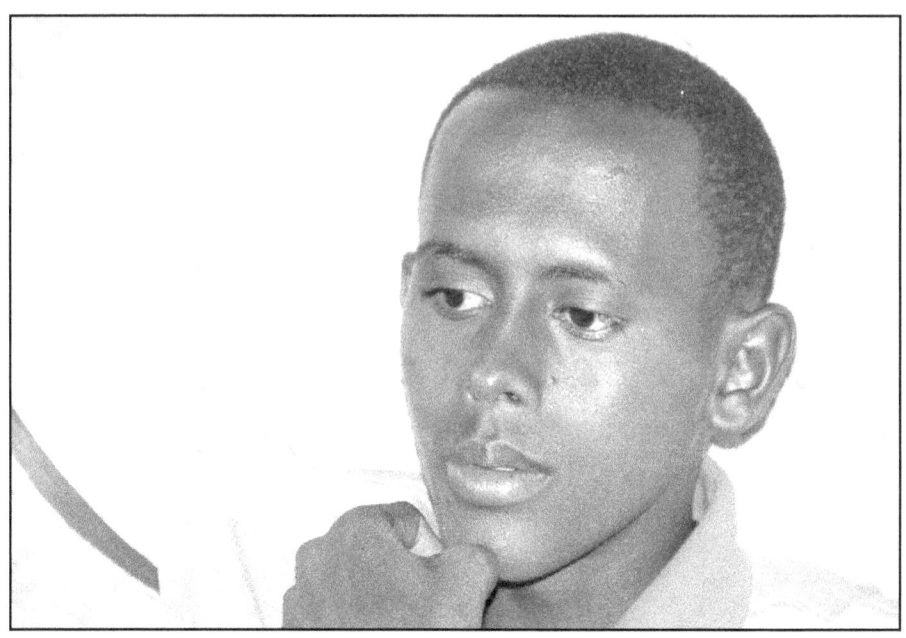

Son pays est en pleine évolution, une gestation parfois douloureuse. Il est important pour les jeunes Djiboutiens de ne pas hésiter : il faut étudier, se former, trouver un emploi.

Mes oiseaux-lyres

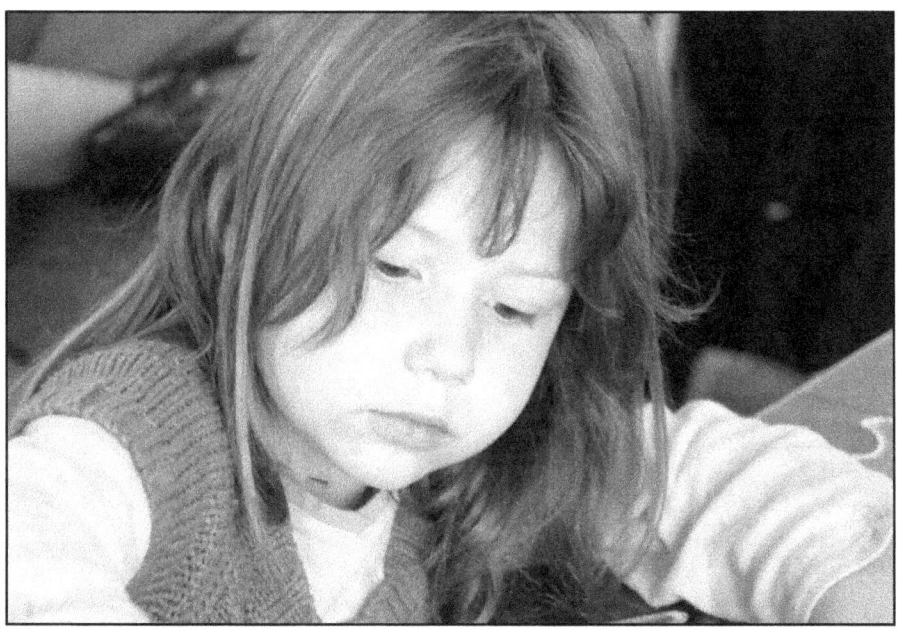

Plongée dans ses devoirs, elle n'attend pas la photo et n'a pas mis en ordre ses cheveux.

Mes oiseaux-lyres

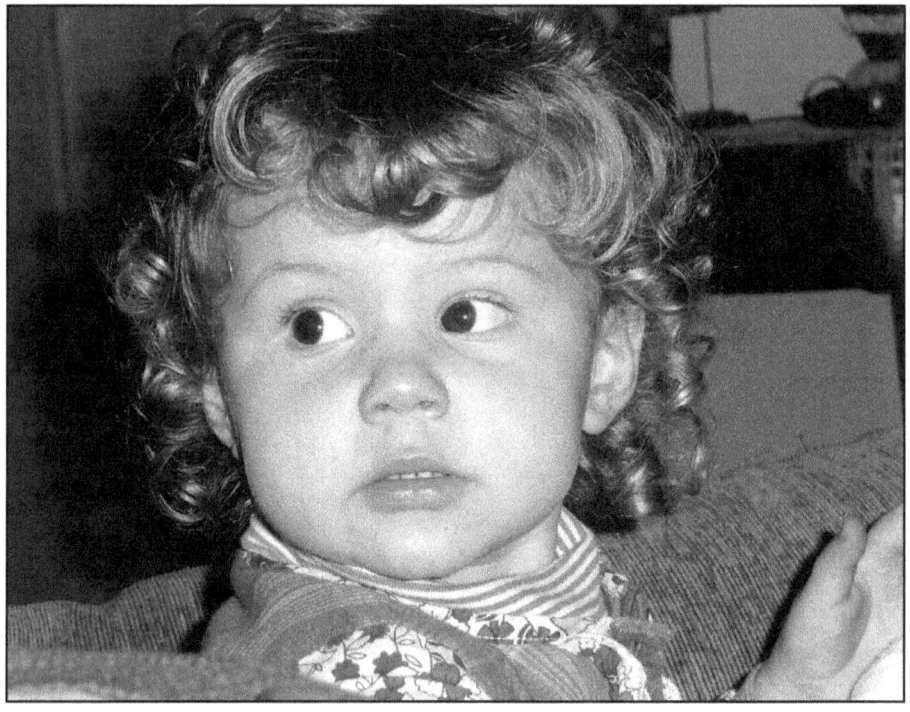

Comment ne pas jouer avec ces bouclettes dorées ? ... et soudain une formule maléfique les transformera en cheveux raides et sombres !

Mes oiseaux-lyres

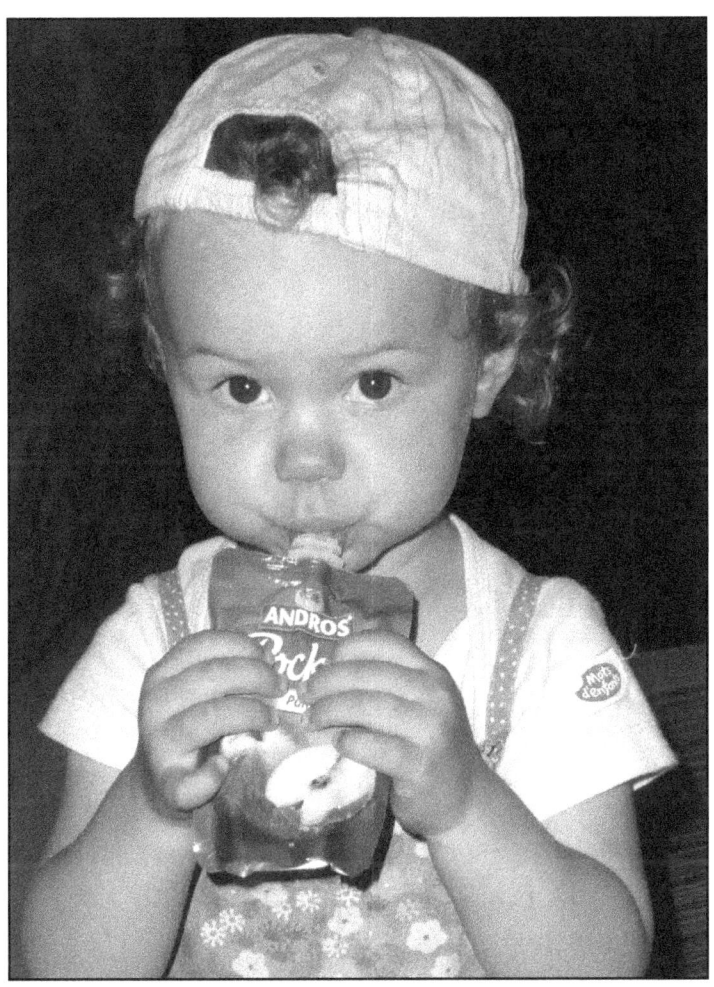

Ce n'est pas une photo publicitaire, c'est un instantané amusant. Il y a des moments où parents et enfants s'amusent et rient malicieusement pour figer des secondes de bonheur.

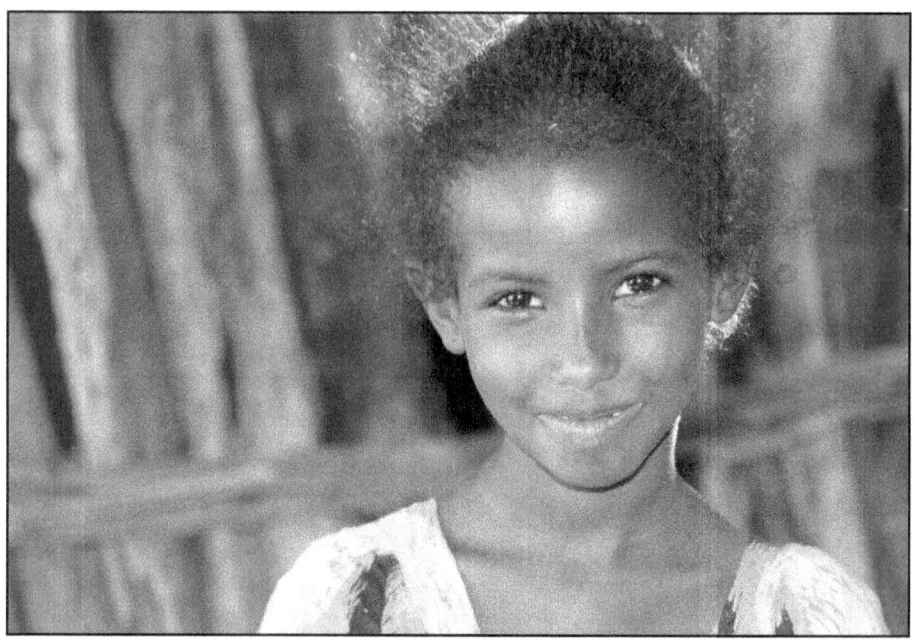

Le sourire un peu crispé, elle s'est arrêtée de jouer pour prendre la pose quand elle a vu l'objectif la viser. Elle venait de perdre une dent...

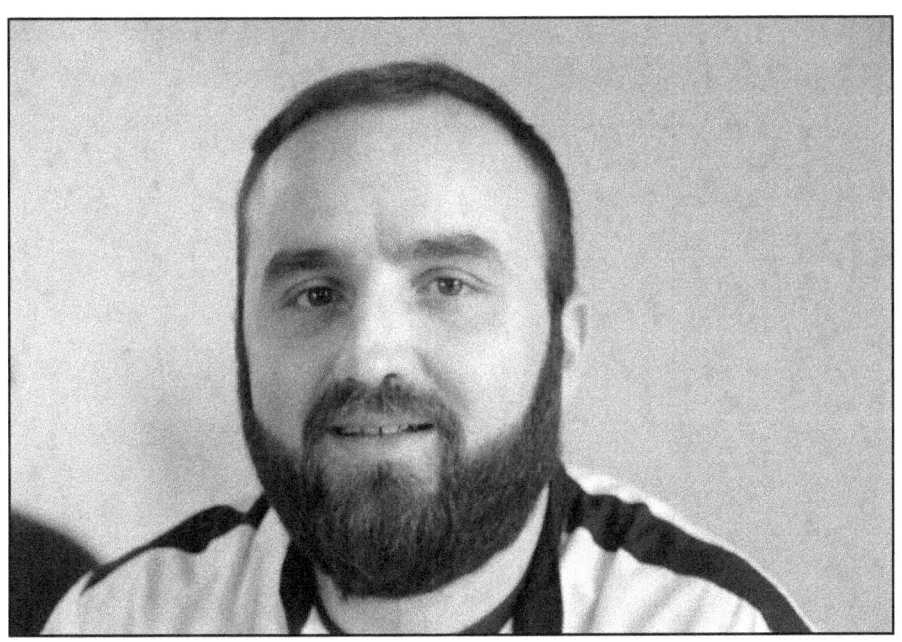

Je sais, de lui, sa force intérieure, la richesse de ses aspirations, la fermeté de sa volonté et, parfois, l'immensité de ses déceptions.

Mes oiseaux-lyres

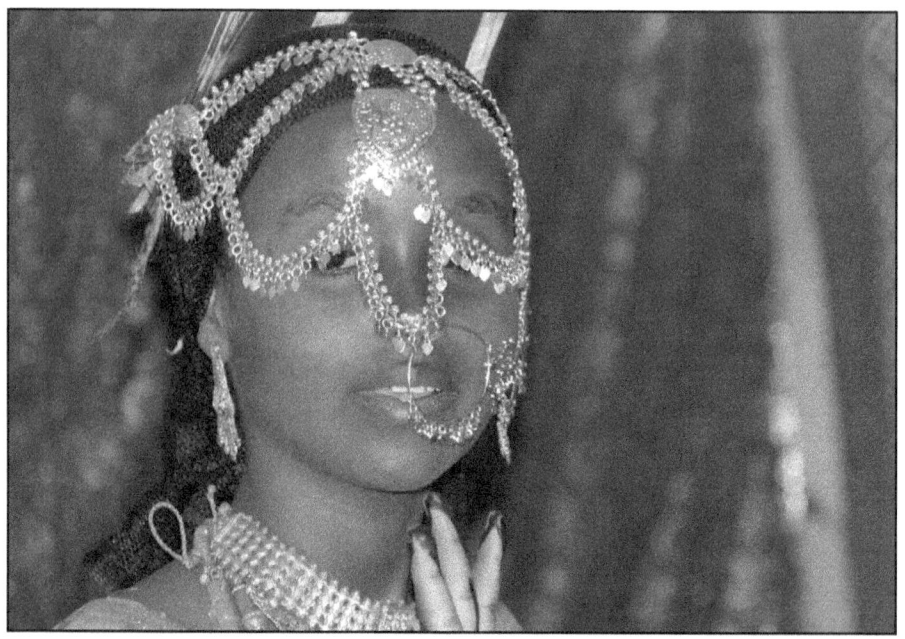

Elle se cache timidement derrière sa parure. Je me demande s'il y a une autre région au monde où les femmes exposent sur leur visage toute leur richesse...

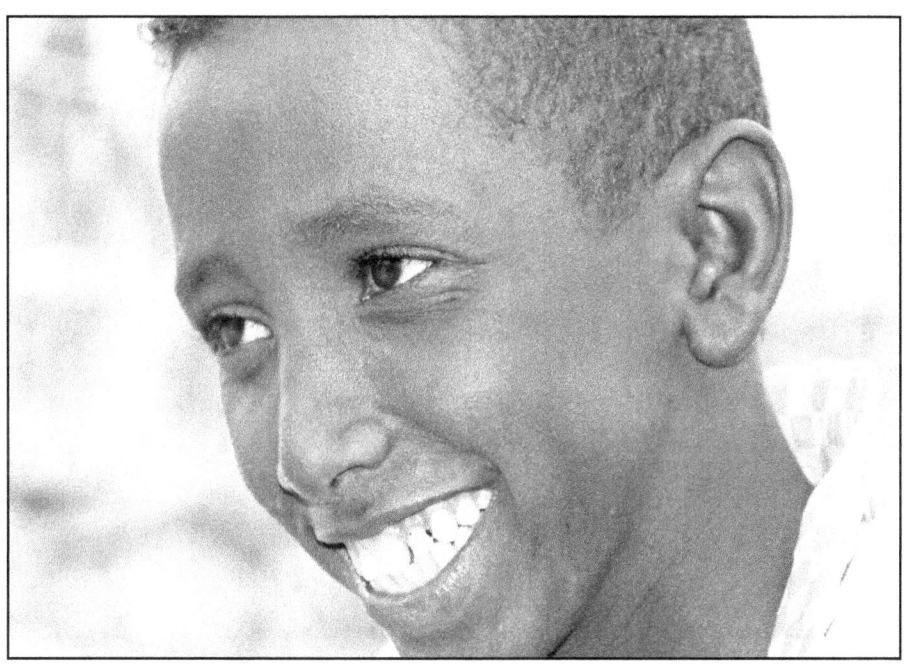

Privé d'école pendant un mois pour un bras cassé, nous avons côtoyé chaque jour ce garçon généreux, enthousiaste et clairvoyant.

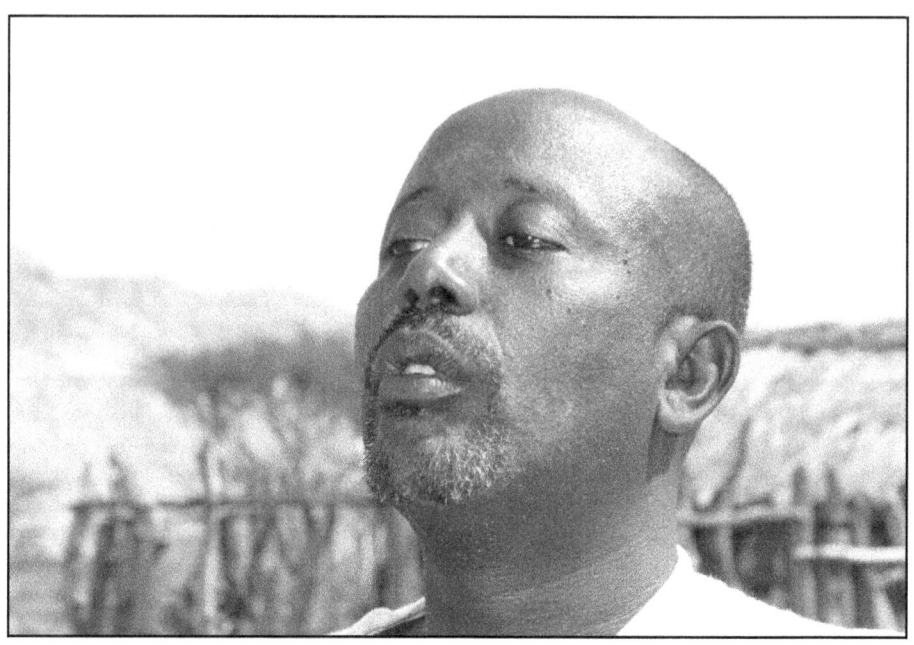

C'est le visage d'un chef, d'une autorité. Il voit l'avenir et le prépare selon ses vues. La pose et le regard sont déterminés.

Mes oiseaux-lyres

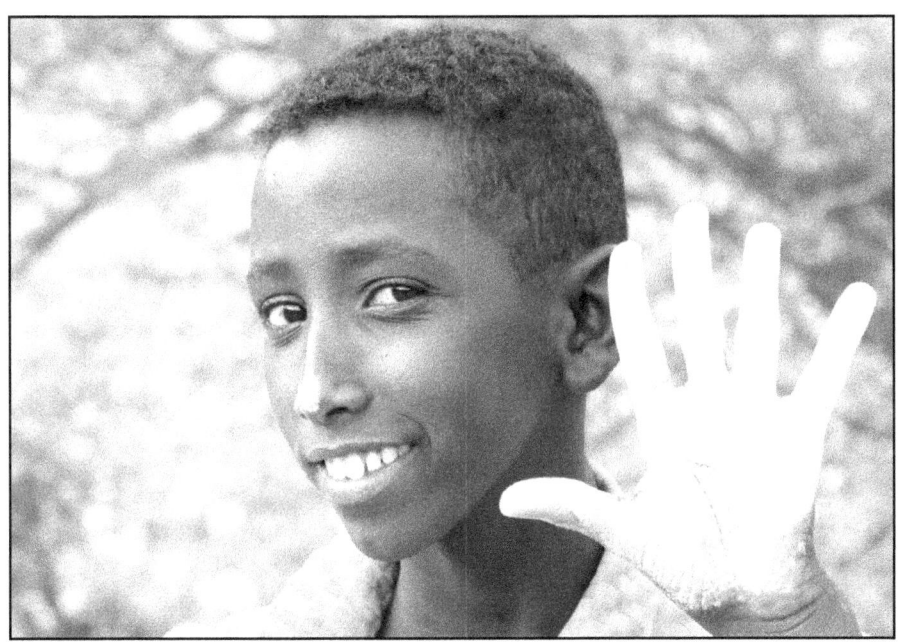

C'est un simple jeu de farine ! Aucune allusion à la couleur de peau, aucun refus de la différence !

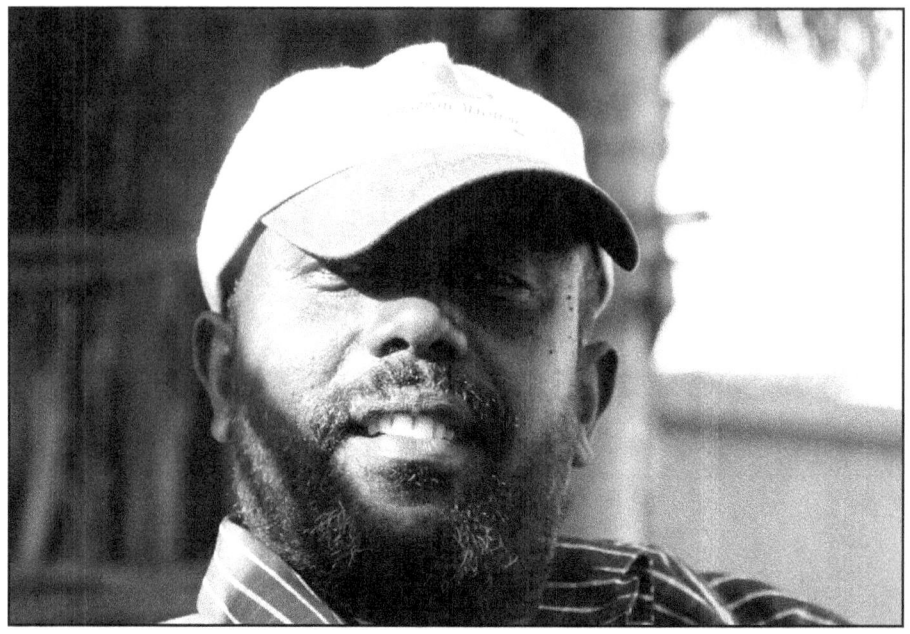

Il y a de la malice dans ce demi sourire d'un visage masqué. Le modèle joue souvent avec le photographe pour éviter de lui donner trop vite l'occasion d'appuyer sur le déclencheur. C'est le moyen de faire durer le plaisir et de rester le centre de ses attentions.

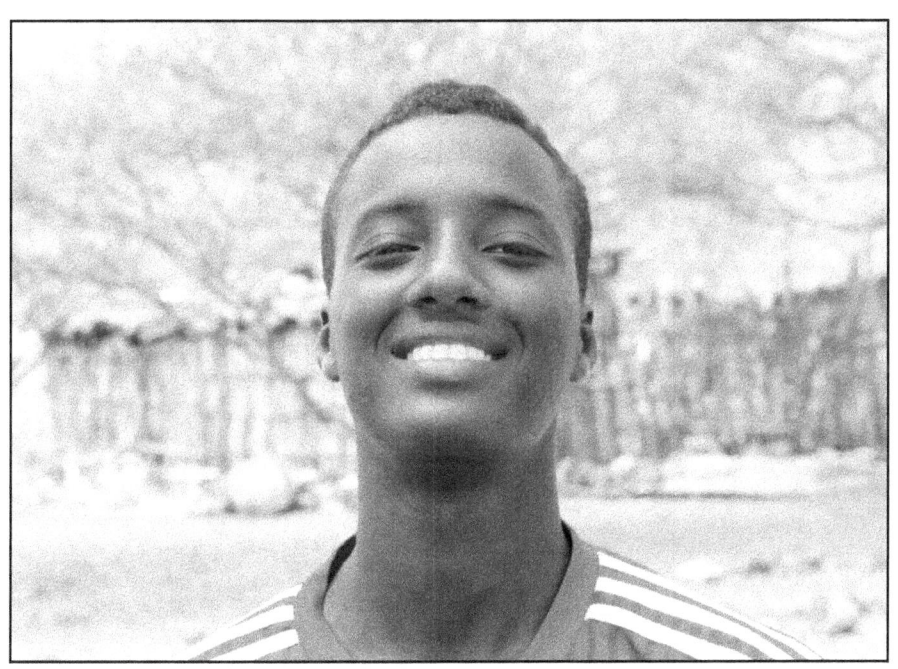

Dès que ce jeune homme sentait que l'objectif le visait, il levait la tête et me regardait de haut, comme pour dominer la situation. Ce réflexe intéressant n'était empreint d'aucune malveillance ou d'aucune appréhension. Peut-être de la fierté, simplement.

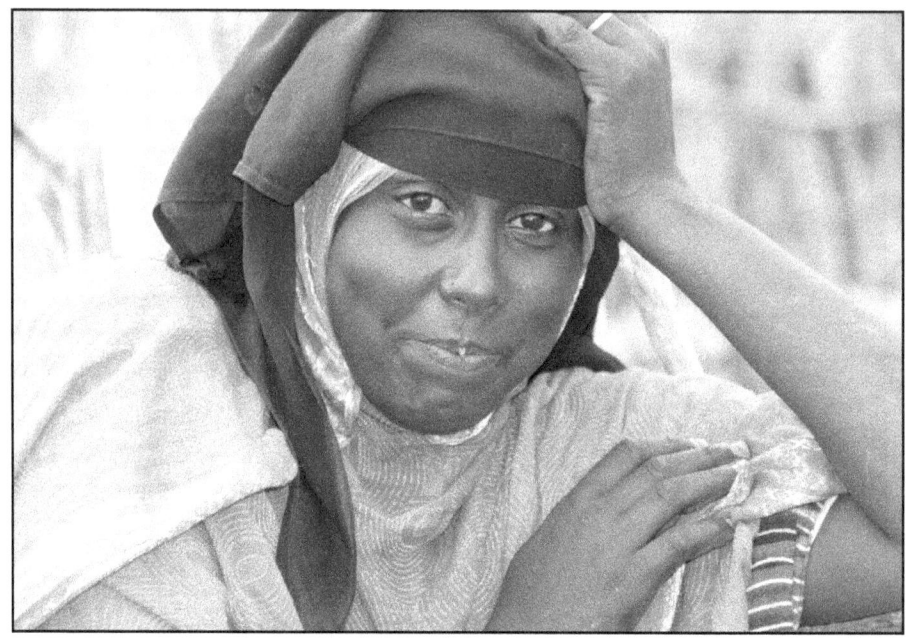

Patience, force, courage et jovialité émanent de ce visage et de cette attitude. La pose est volontaire, déterminée... Le contact est direct et immédiat.

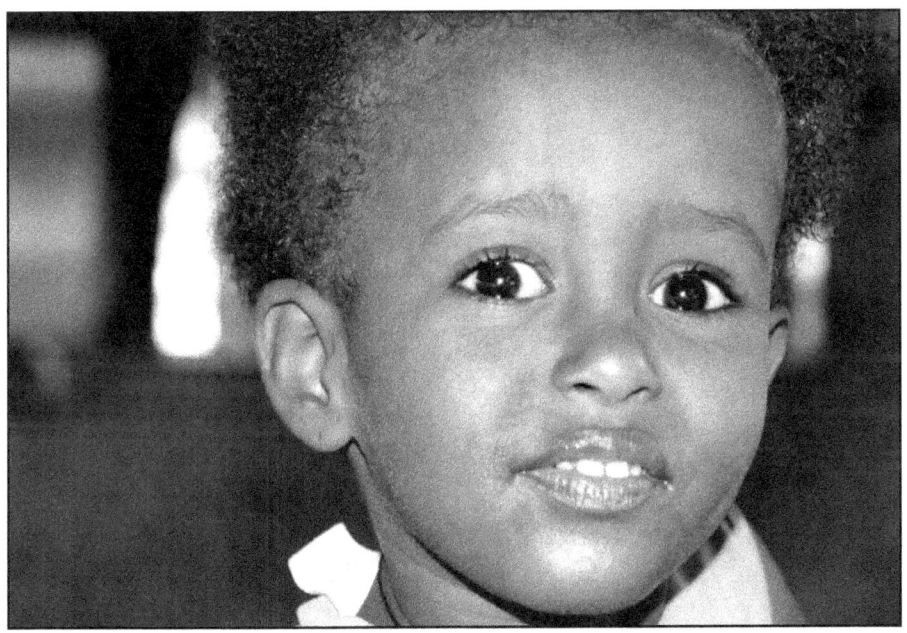

Près de la gare de Dire-Dawa (Ethiopie) cette petite fille est venue à ma table, a pris mon verre et a avalé son contenu. Puis elle m'a gratifié d'un sourire coquin et complice.

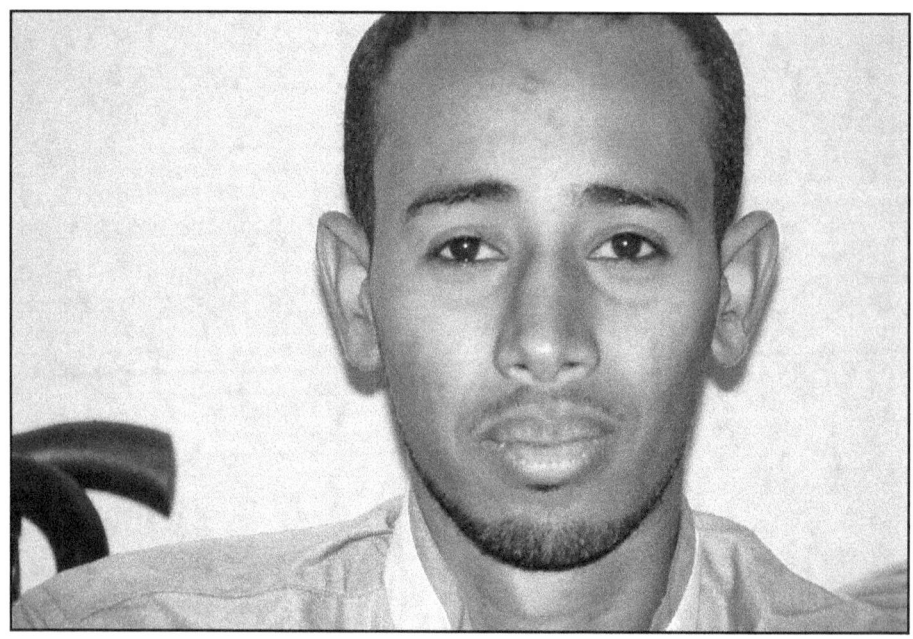

C'est un ami fidèle, précis, honnête et consciencieux !
J'ai rencontré sur ma route des personnes qui ont ces
qualités. De quoi rendre le moral et la confiance aux
plus sceptiques !

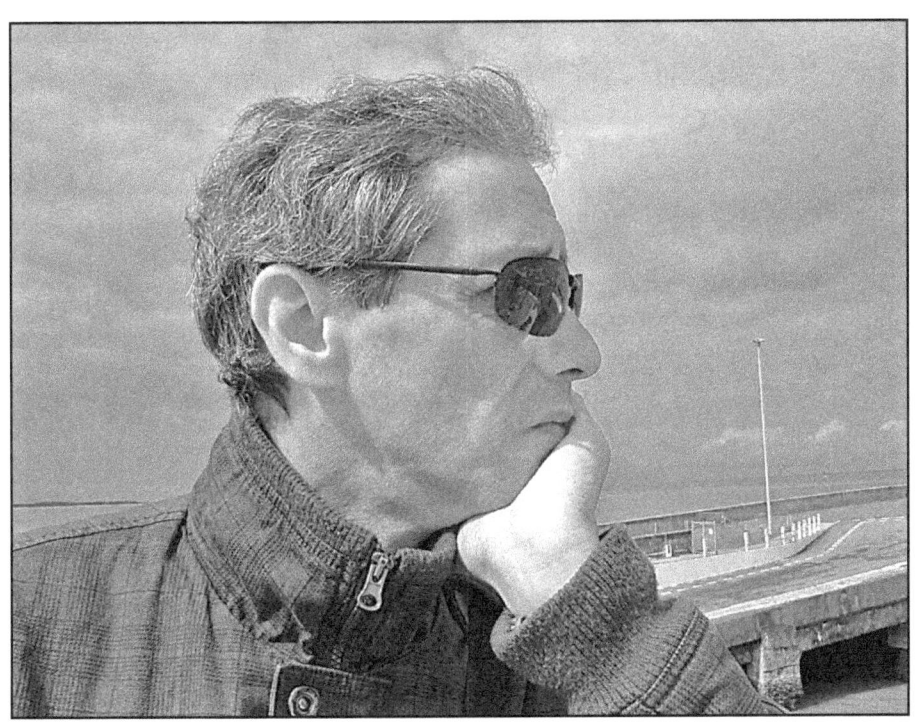

Le visage est immobile, le regard fixe, et les pensées sont parties bien loin dans une contemplation réfléchie.

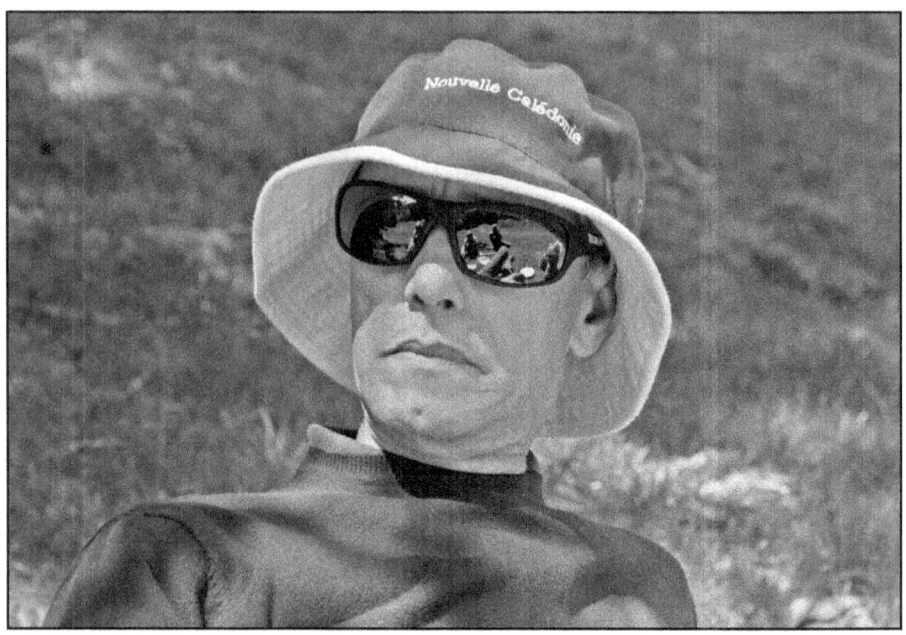

Tu m'as dit : « Une photo ? ... D'accord ! mais incognito ! »
Désolé ! je suis obligé de mentionner tes qualités humaines, ton intelligente tolérance et ton humour !

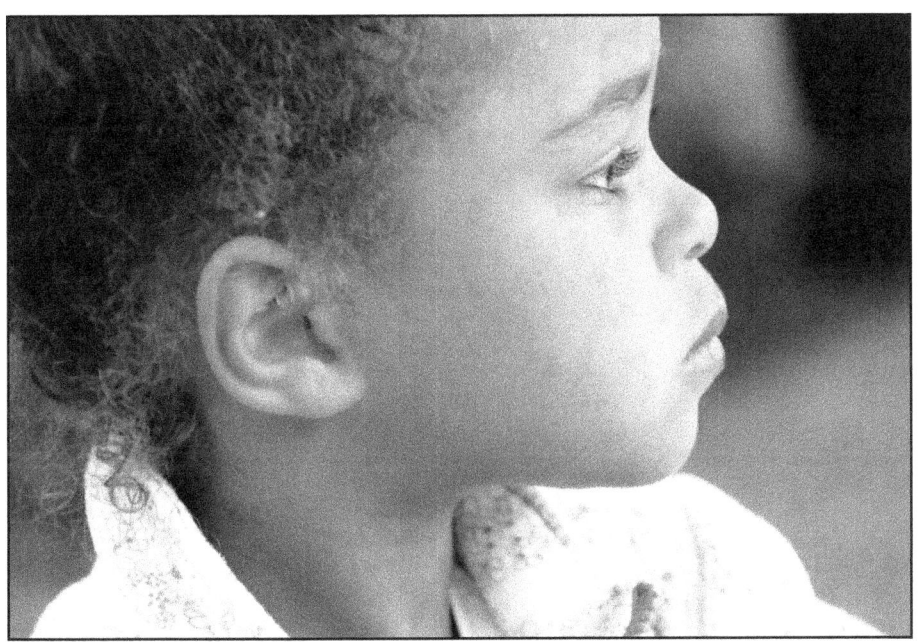

C'est l'instant de la découverte. Elle ne dit rien, mais observe. Magie de l'enfance qui sait apprendre sans parler et qui retient par les yeux.

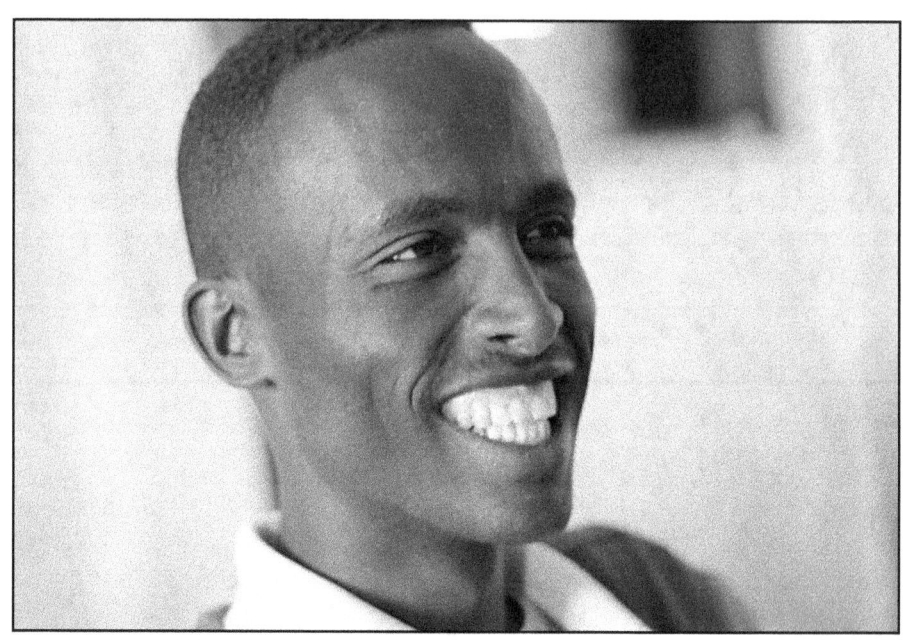

Nous recevions souvent la visite de jeunes adultes qui voulaient prendre leur vie en main et réussir une belle carrière. Ils nous montraient un optimisme à toute épreuve. Mais ils n'étaient pas dupes de leurs problèmes.

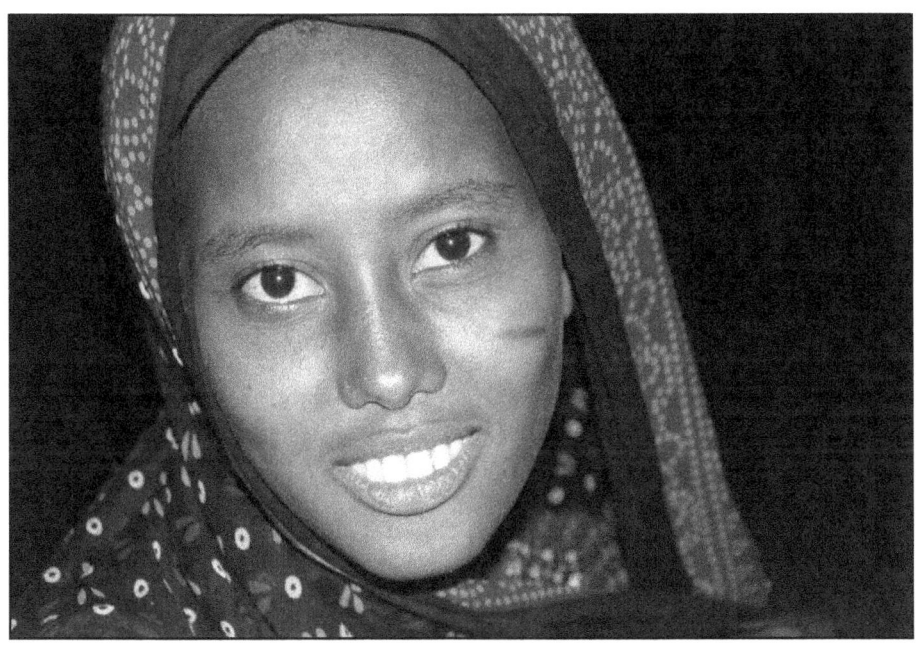

Je l'ai rencontrée près du rucher que je venais d'installer au pied de la forêt du Day. Elle devait faire un exposé sur la vie des abeilles. Elle était curieuse, avide d'informations. Elle aura un diplôme, mais comme beaucoup de femmes à Djibouti, elle aura du mal à s'insérer dans la vie économique et professionnelle de son pays.

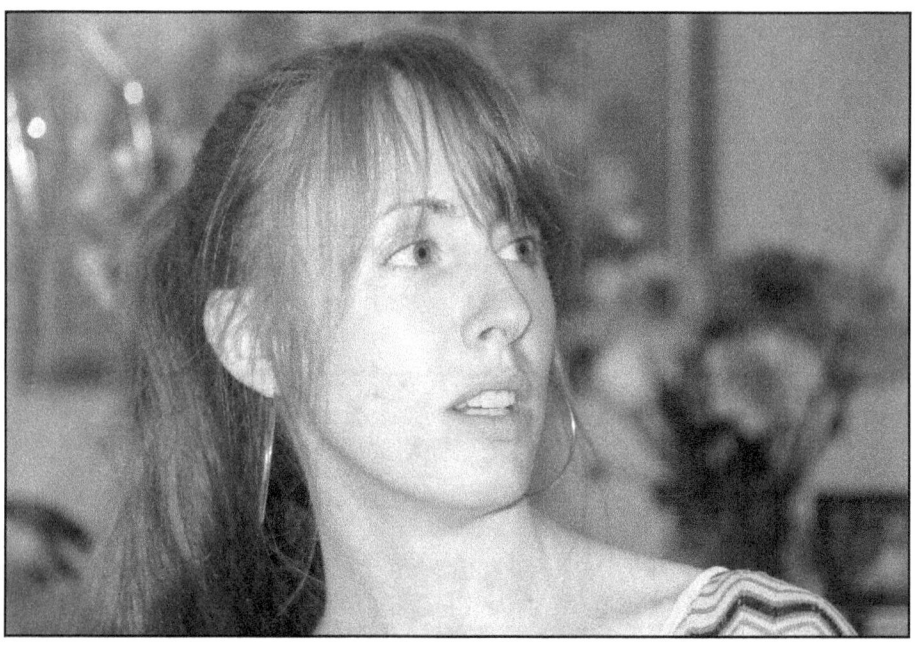

Riche mélange de fragilité et de force, de fantaisie et de régularité, de douceur et de puissance.

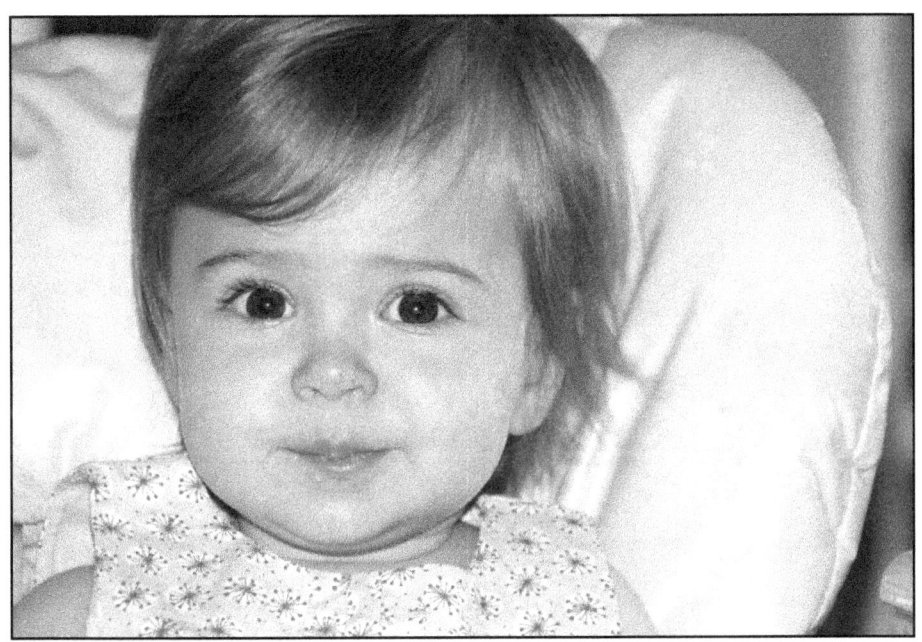

Même à un an, on peut être capable de comprendre la photogénie, maîtriser l'art de la séduction et n'être dupe de rien.

Mes oiseaux-lyres

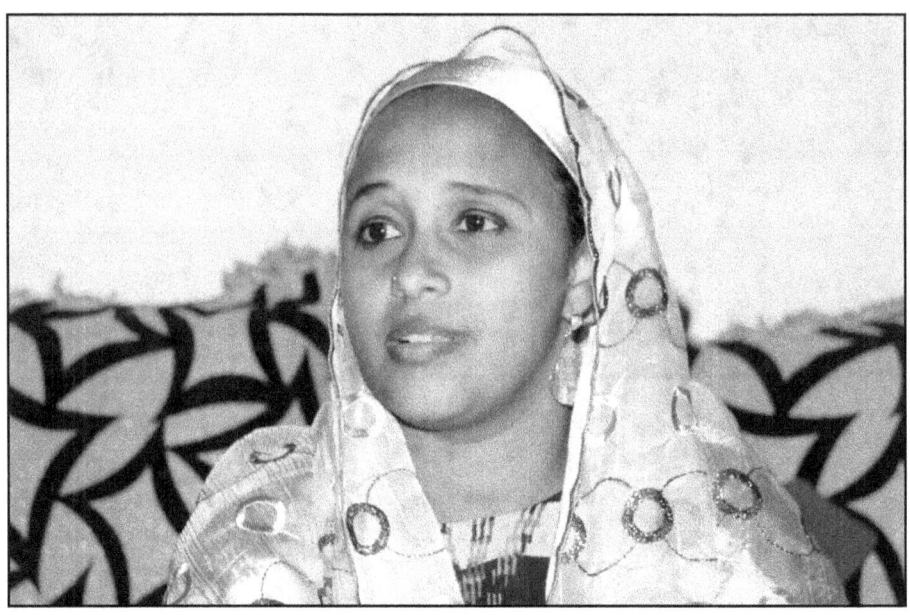

Elle a été la première Djiboutienne à nous parler de la vie intime des femmes. Et nous avons mesuré l'abîme qu'il y a entre la loi et la vie quotidienne.

Mes oiseaux-lyres

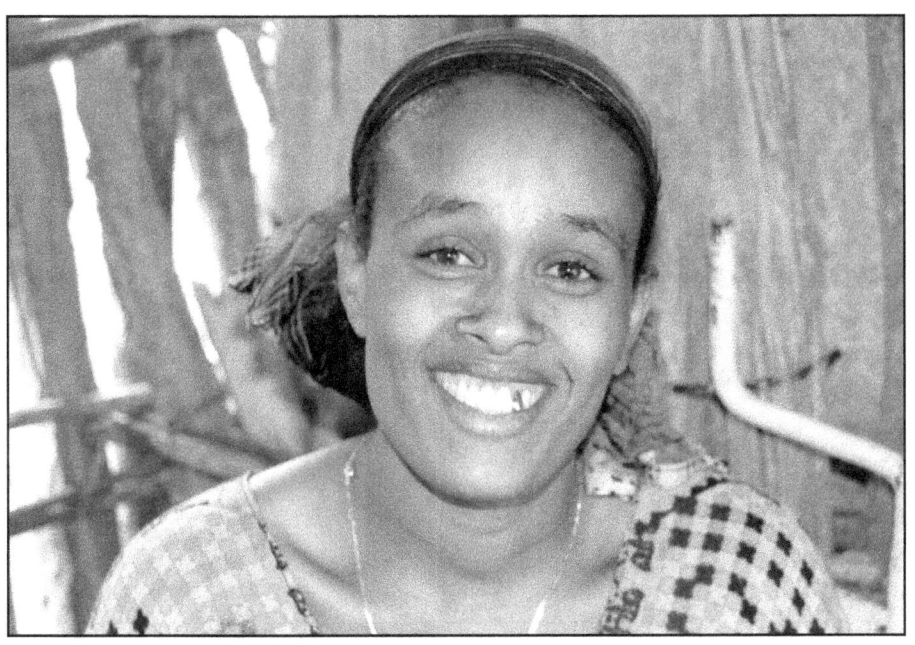

Avec son mari et sa fille, elle a quitté l'Éthiopie pour poser ses maigres affaires en terre afar. Pour elle, c'est un bonheur, une délivrance.

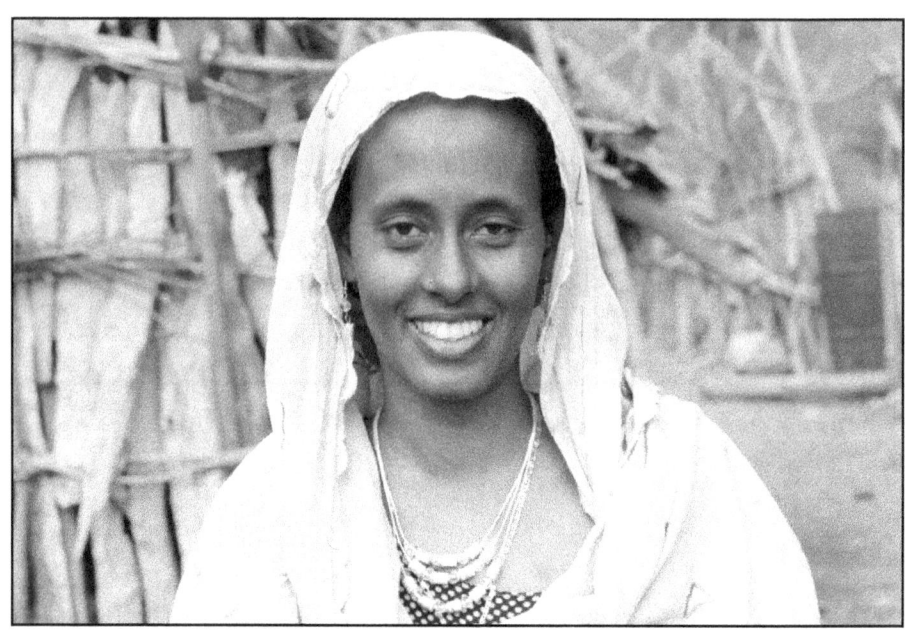

Une de nos premières rencontres chez les semi-nomades du Danakil. Discrète et dévouée, volontaire et personnelle. Des qualités souvent partagées par les femmes du pays.

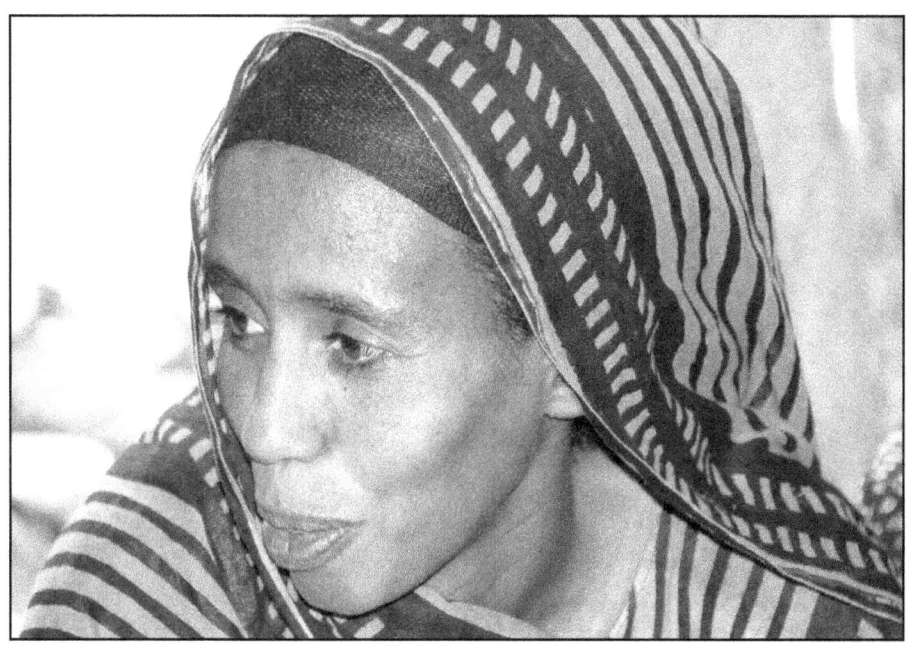

Elle comprend que sa vie risque d'être un peu moins dure. Elle regarde les vêtements que son bébé va pouvoir mettre. Elle hésite, elle a du mal à croire en sa chance. Et c'est pourtant si peu...

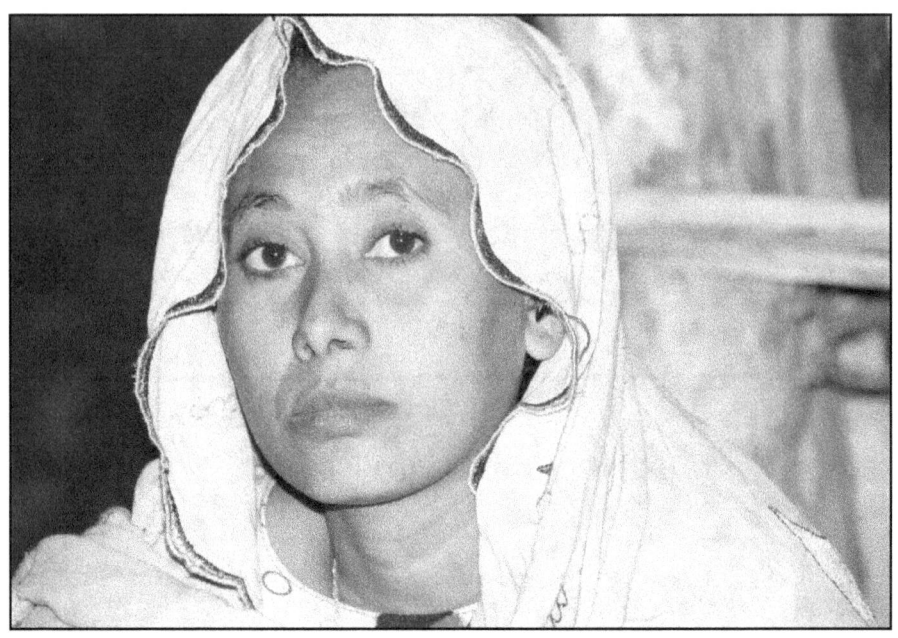

Spontanée, elle avoue ne pas comprendre les non-dits, les mensonges et les mythes. Je l'ai souvent vue souriante et sémillante, mais aussi parfois fragile et déçue.

Mes oiseaux-lyres

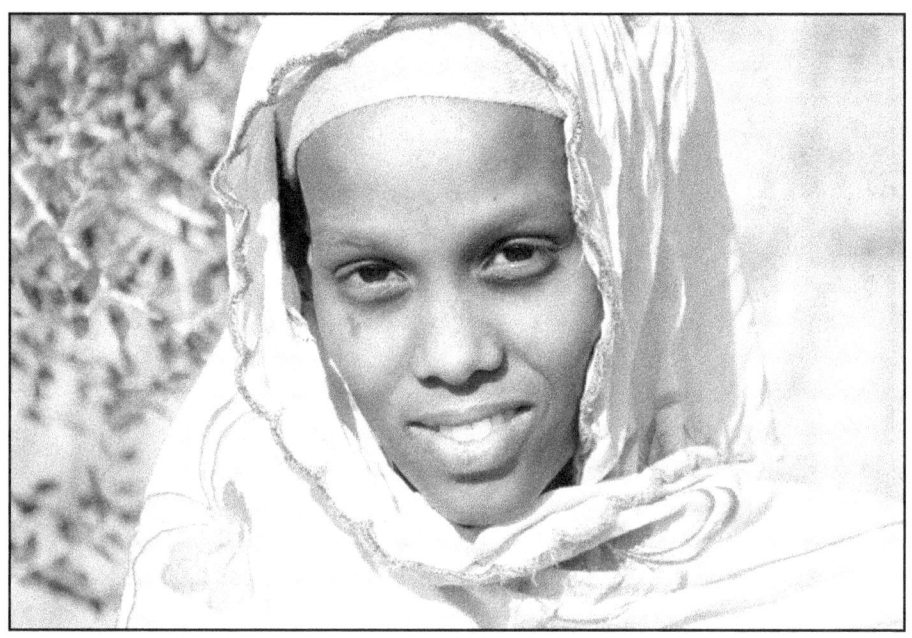

Sans un mot, discrète, peut-être prisonnière des traditions, elle m'accorde un instant. Elle est fatiguée, mais elle porte la joie d'avoir enfanté d'un garçon.

Mes oiseaux-lyres

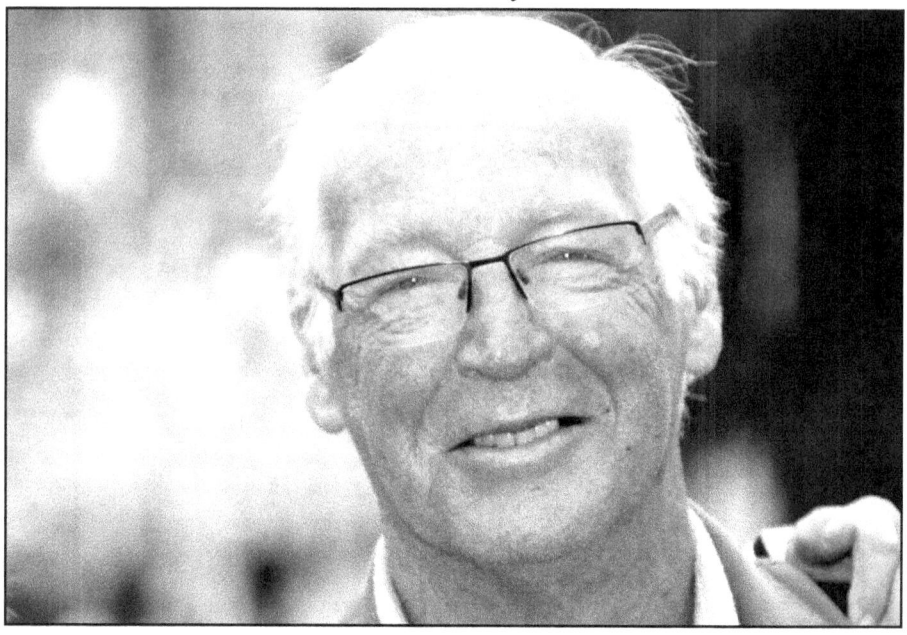

Il a la force de ceux qui ont dû se battre, se forger. Trouver son chemin n'est jamais simple. Mais suivre la ligne que l'on a choisie, c'est une fierté qui se nourrit de confiance et de courage.

Mes oiseaux-lyres

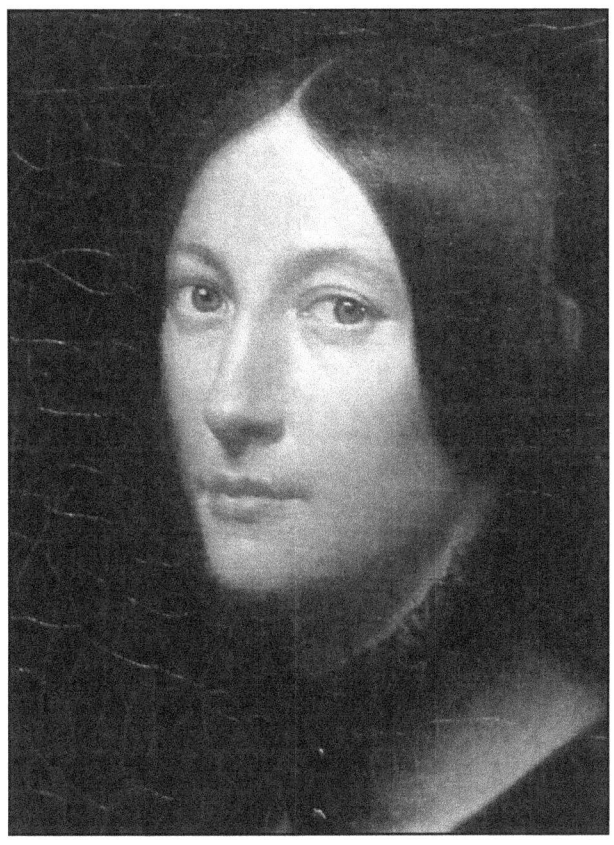

Je passais et ce portrait m'a accroché. La sensualité du regard, du nez et des lèvres m'ont dit que la beauté est de tous les temps et de tous les lieux. J'aime la modernité du modèle dans la facture ancienne.

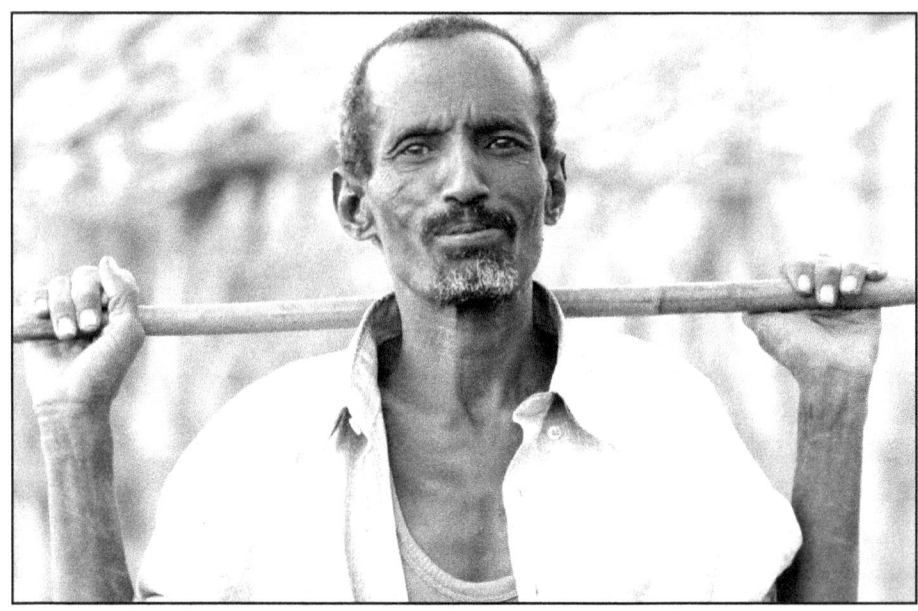

Fier et droit, il arpente des sentiers poussiéreux et caillouteux depuis de longues années avec le même fatalisme. L'arrivée du photographe l'amuse autant que la chute d'une plume.

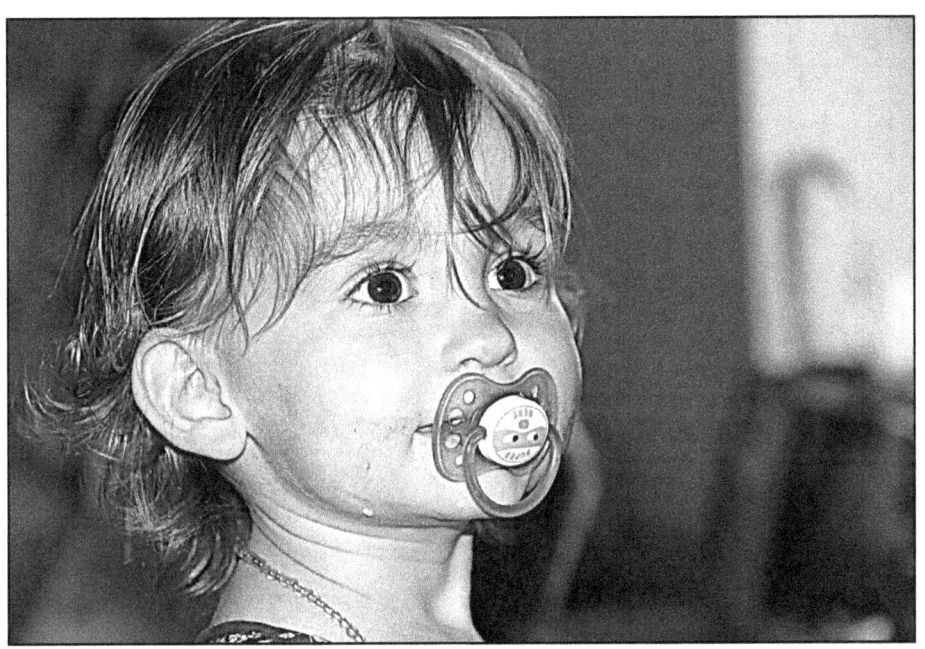

La sucette bien calée, maman dans le regard, tout va bien ! Elle peut goûter le moment.

Mes oiseaux-lyres

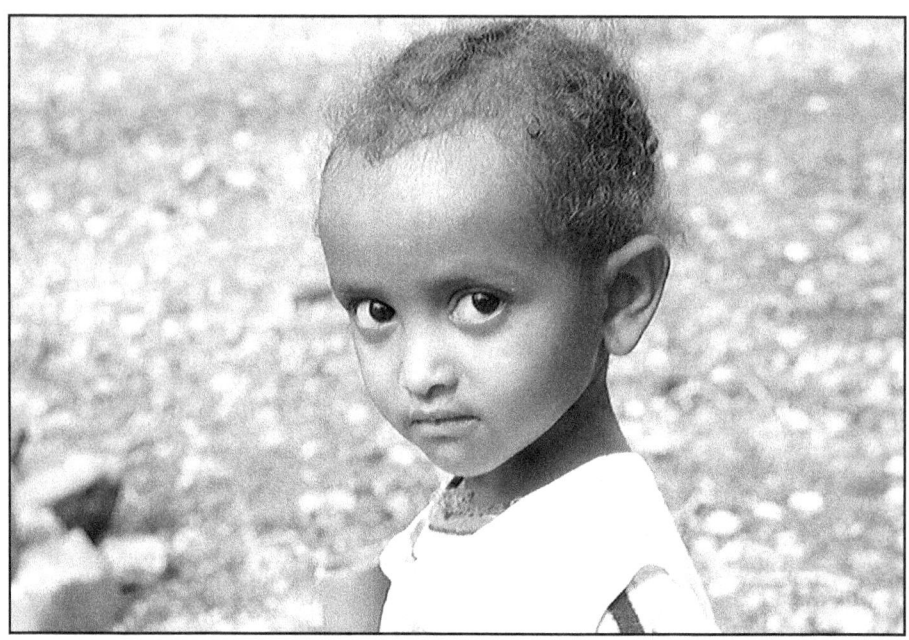

– Que me veut-il ce photographe étranger ? Je me réveille à peine et il me demande de le regarder, comme si je n'avais que ça à faire...

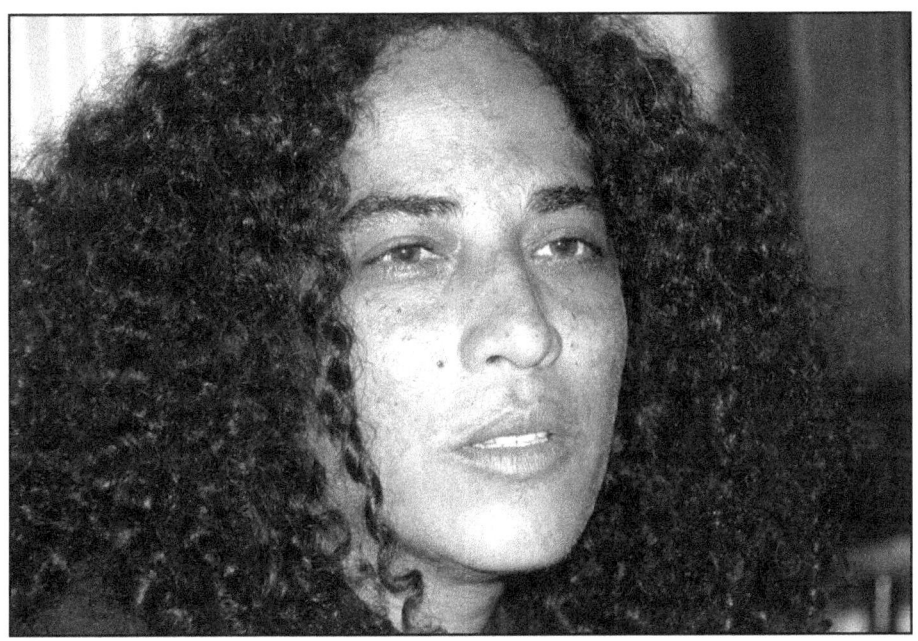

J'aime la force de ce visage, la richesse de ce qui en émane. La délicatesse du tracé des lèvres, l'abondante ondulation des cheveux, la fixité du regard me parlent beaucoup.

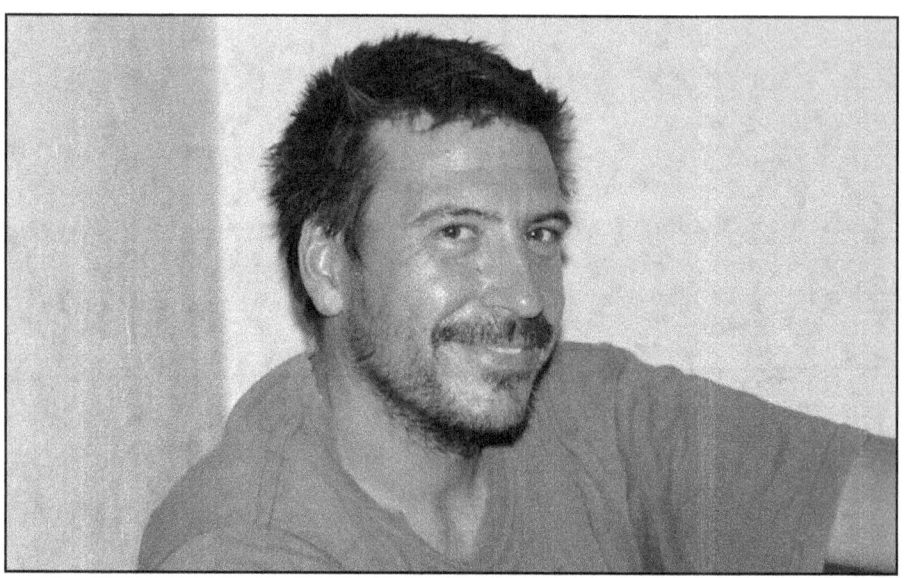

Le photographe est photographié et s'en amuse. Le cliché raconte le naturel et la simplicité d'un personnage qui aime les découvertes, l'aventure et les relations humaines.

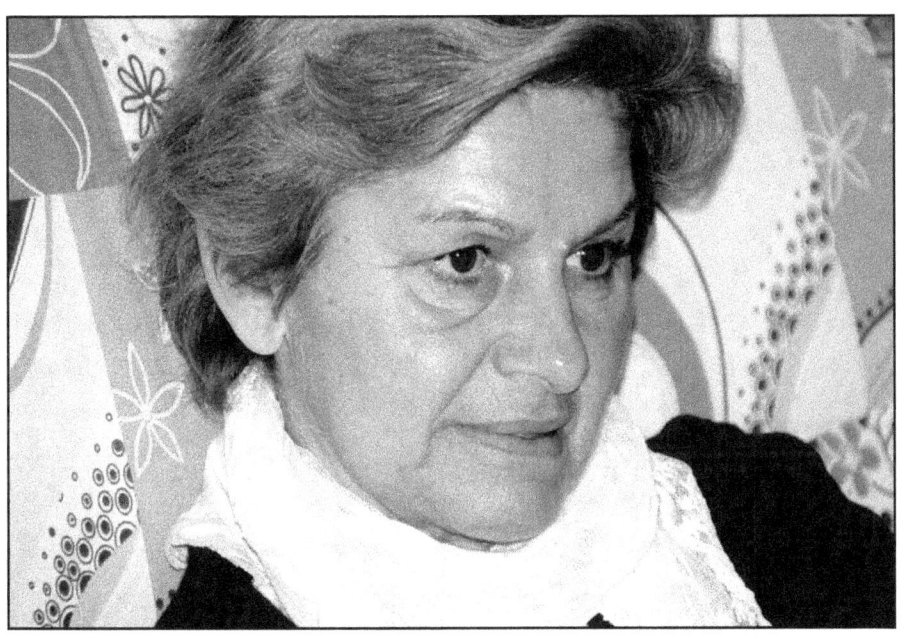

Elle sait être à l'écoute de chacun avec gentillesse et délicatesse. Intensément, elle porte son regard sur celui qui a besoin d'aide, avec compassion.

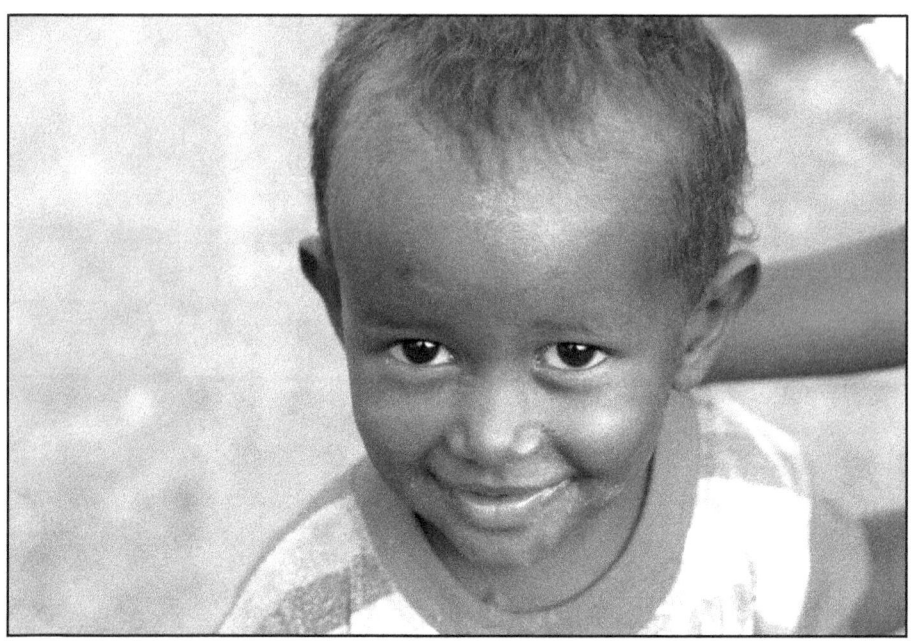

Il marchait à peine qu'il venait déjà nous donner ses plus beaux sourires. Doux, il repartait sans rien demander et sans rien dire.

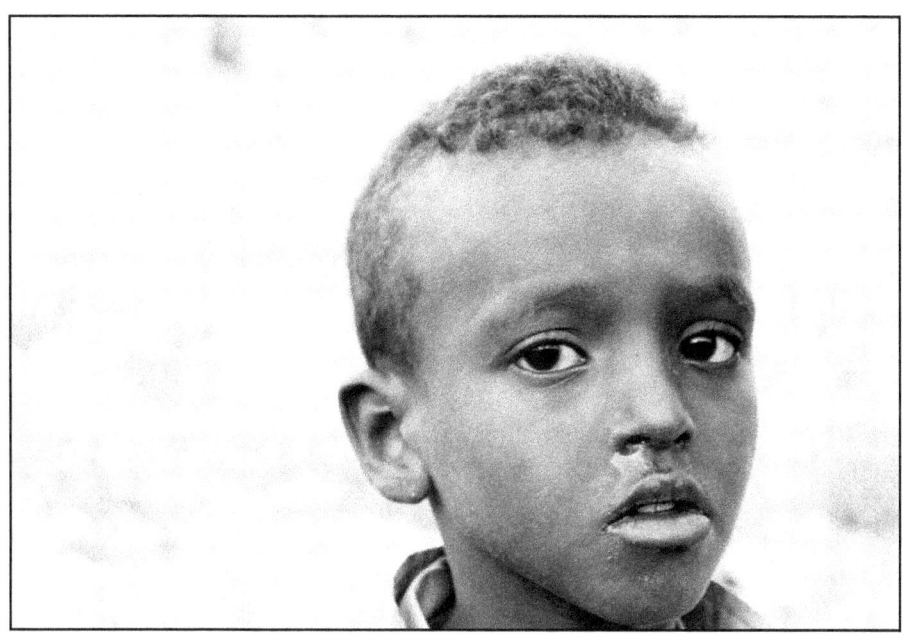

Après les 45° d'un long été, une température à 20° est glaciale pour ces enfants qui vivent tout le temps exposés aux intempéries.

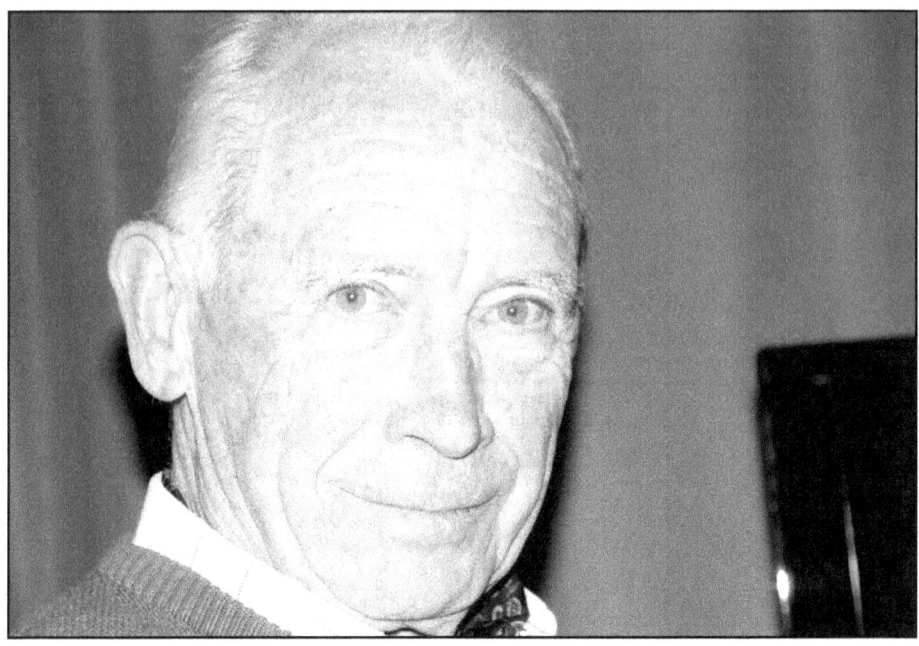

Toute l'assurance du capitaine contient dans ce regard qui ne tremble pas, qui ne fuit pas. Une riche expérience lui donne aussi le goût des belles saveurs et des bonnes choses.

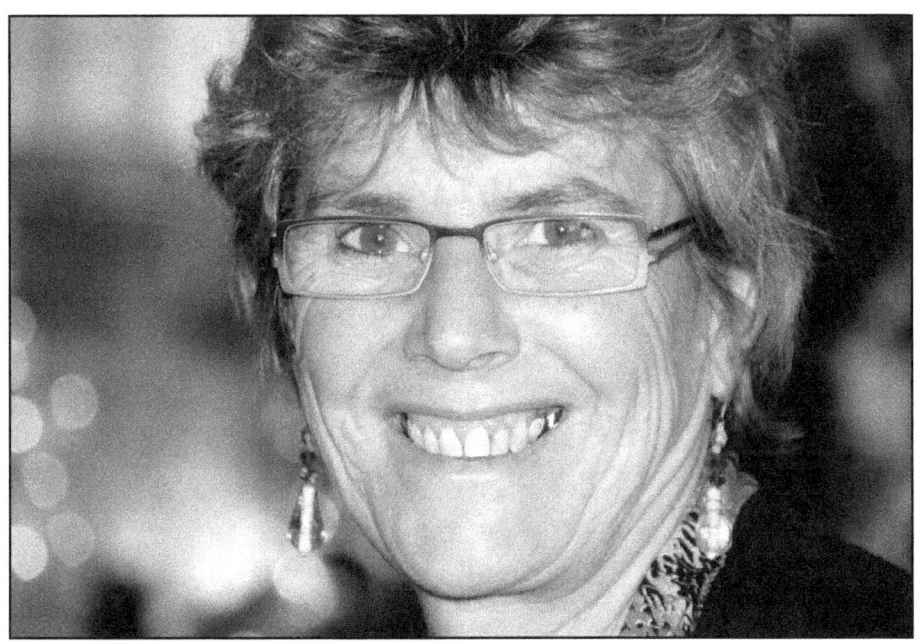

Dynamique et décidée, elle aime les défis. Sa vie prend toute sa saveur dans les moments épicés et relevés.

Mes oiseaux-lyres

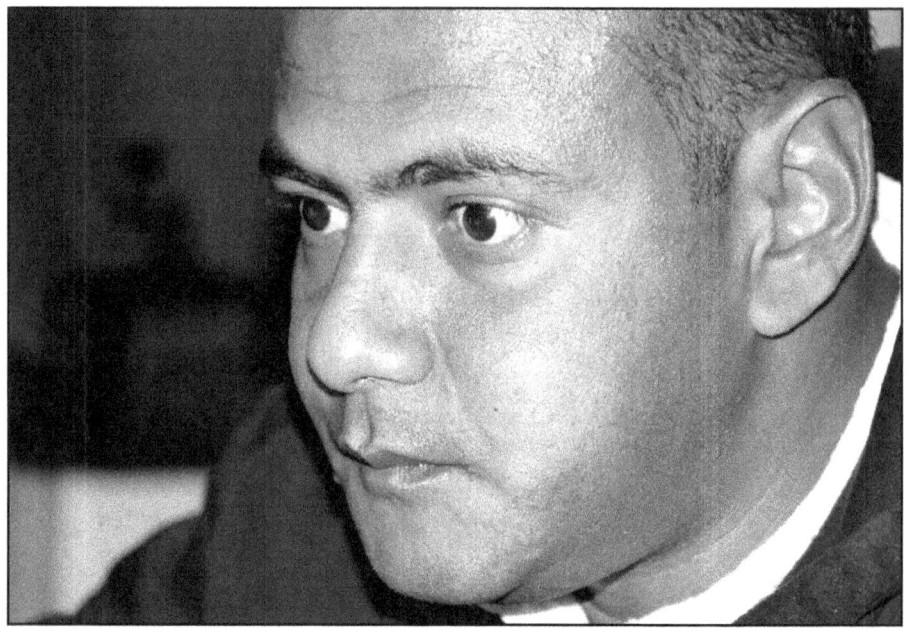

Le regard est fixe, bloqué sur un rêve gourmand... Et en même temps, une pointe de fatalisme laisse entendre qu'on ne changera rien et qu'il vaut mieux attendre...

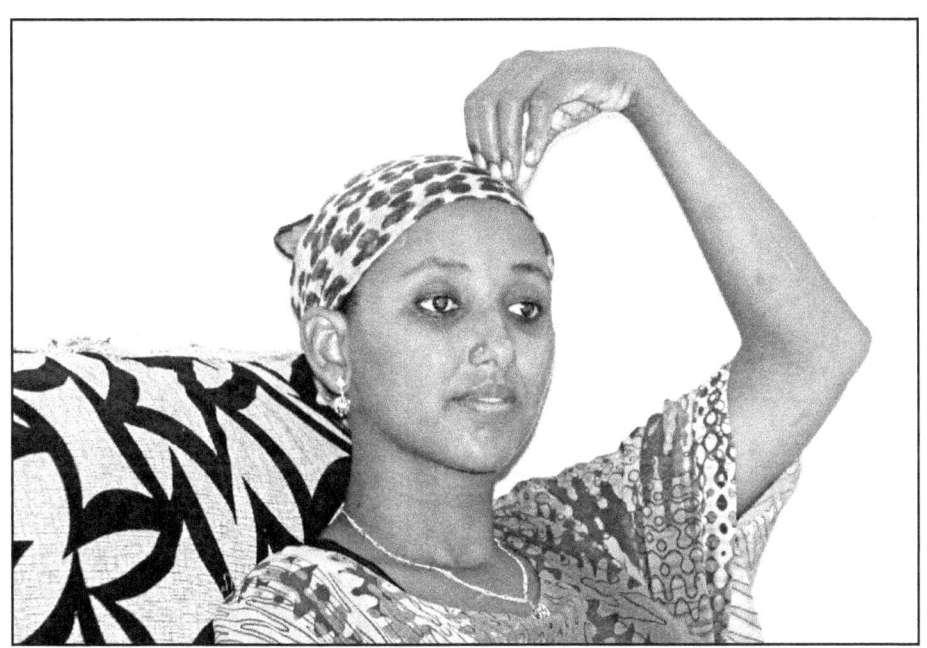

La main réajuste élégamment le tissu. C'est fête ce soir ! Un ami se marie. Il faut rester belle !

Mes oiseaux-lyres

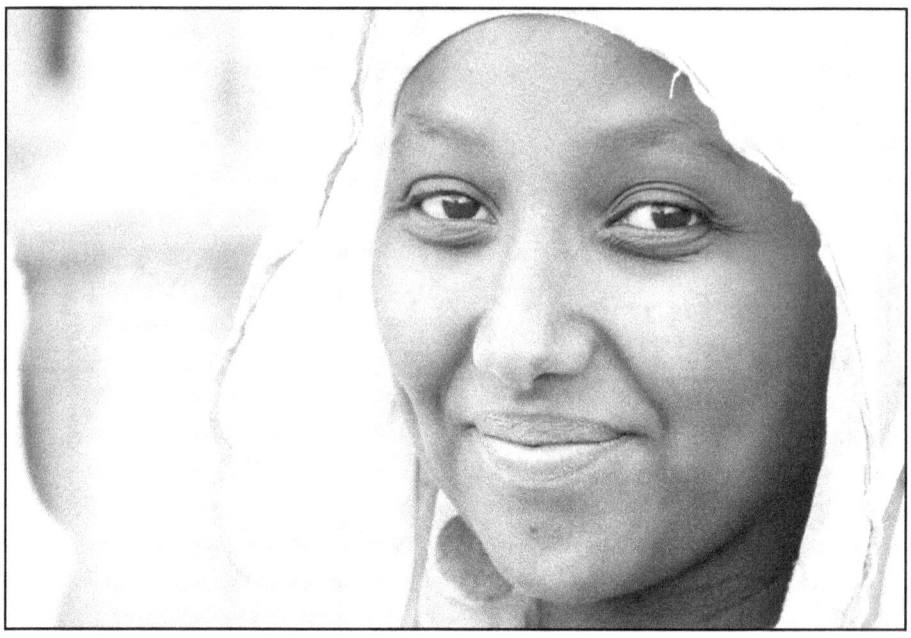

J'aime la douce fraîcheur de cette femme. Sincère et confiante, elle souhaite sauvegarder son style de vie et trouver en même temps les moyens de la rendre plus facile.

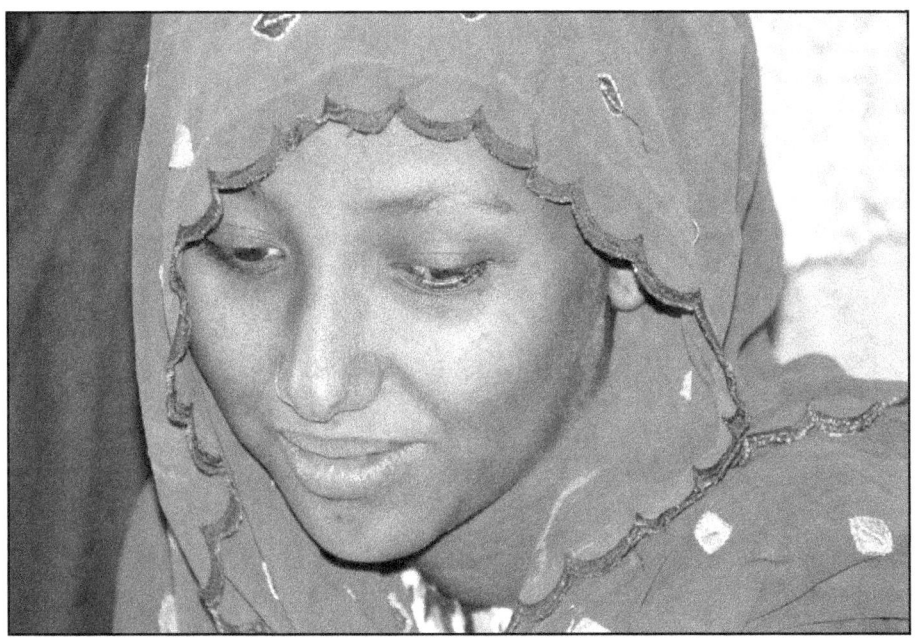

Humble, effacée et jeune mariée, elle n'osait pas lever les yeux. Depuis, elle a appris à lire, à écrire, à parler, à être plus libre. Elle devient une personnalité attachante et responsable.

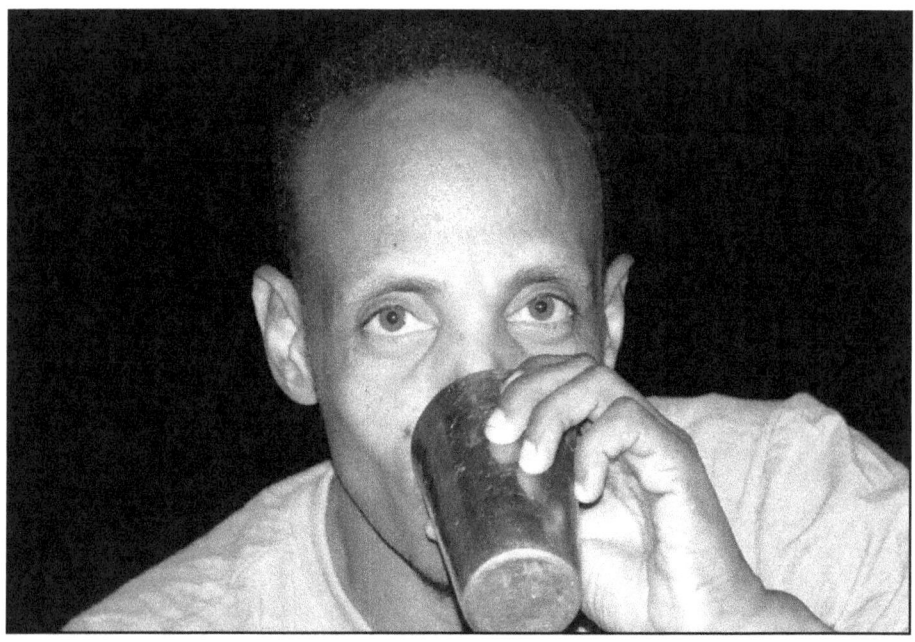

Nous étions autour d'un feu de camp. Ce sympathique guide accompagnait des touristes. Discret ou timide, il s'est caché derrière son verre d'eau.

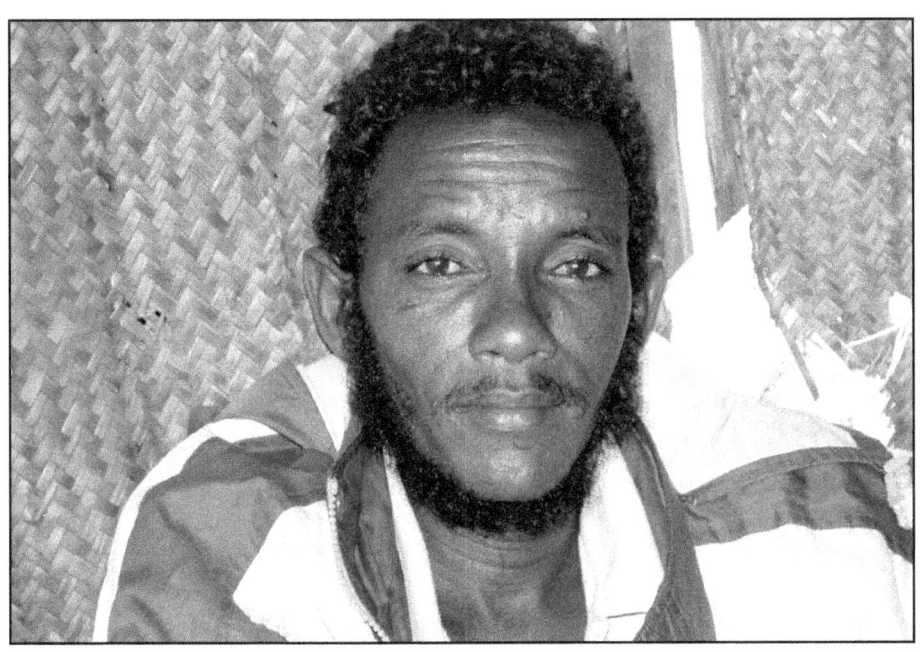

Instinctivement, il sent que le photographe est intéressé par son image et qu'il y aura entre eux un accord tacite. Il accepte d'être pris. Pour le meilleur, espère-t-il.

Mes oiseaux-lyres

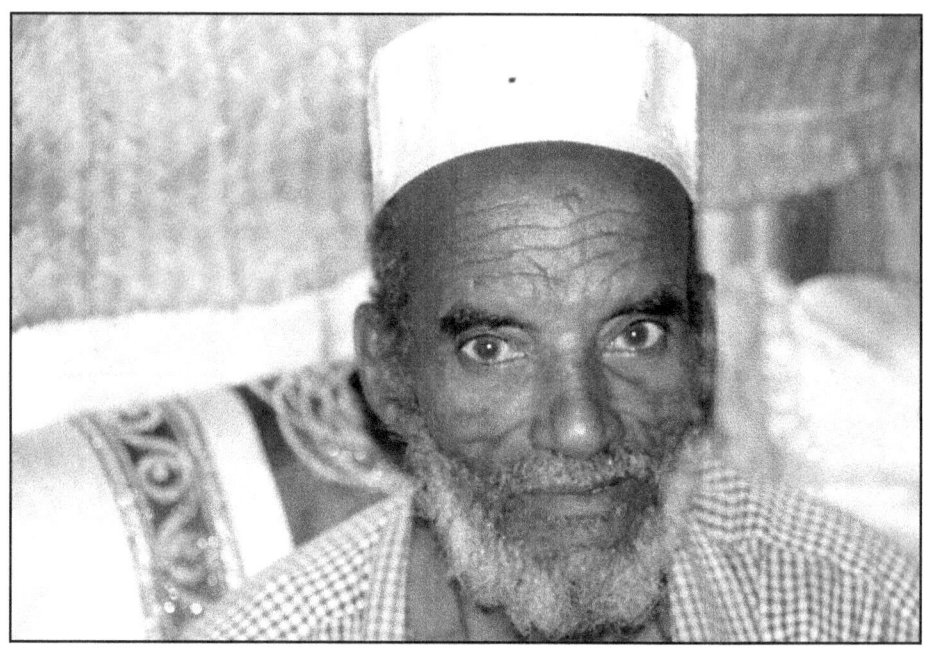

Il ne peut pas me parler, mais il sait que j'essaie d'améliorer un peu la vie des habitants de son village. Il sait aussi que l'aide humanitaire est longue à venir... Alors il attend et me regarde fixement, longuement...

Mes oiseaux-lyres

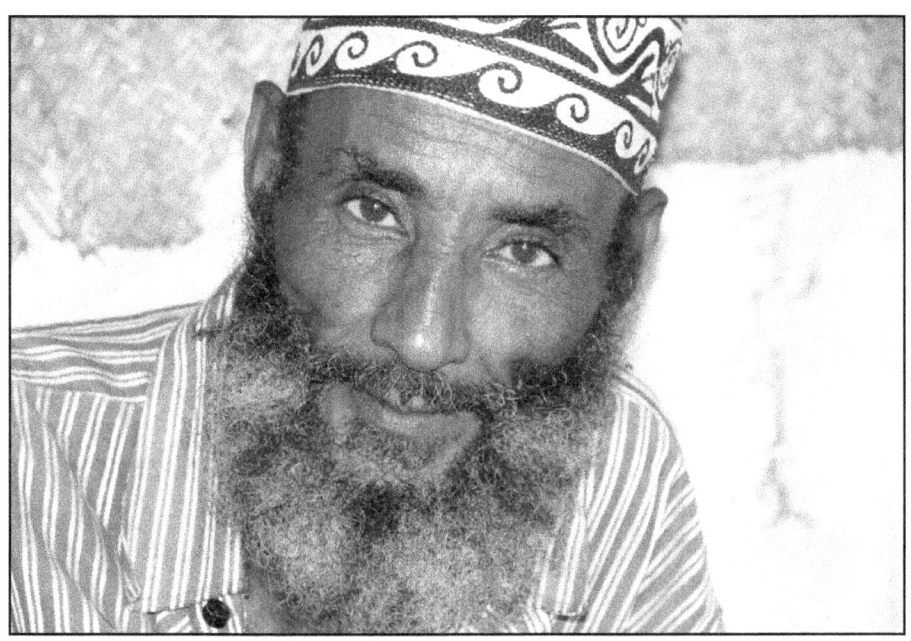

Son regard pose des questions, sa barbe parle d'expérience, sa bouche est dubitative, le port de tête bienveillant. Cet homme attend, positif et clairvoyant.

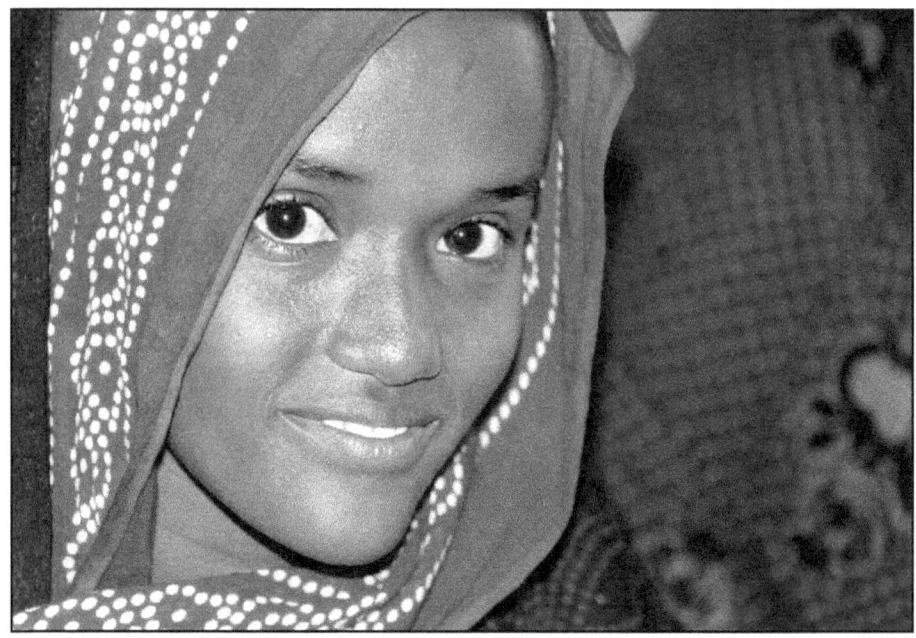

Son mari m'avait invité dans sa maison. Cette très jeune maman m'a accueilli avec une immense générosité et une confiance absolue. Les rêves qu'elle fait, simples et essentiels pour nous Européens, sont des chimères pour elle.

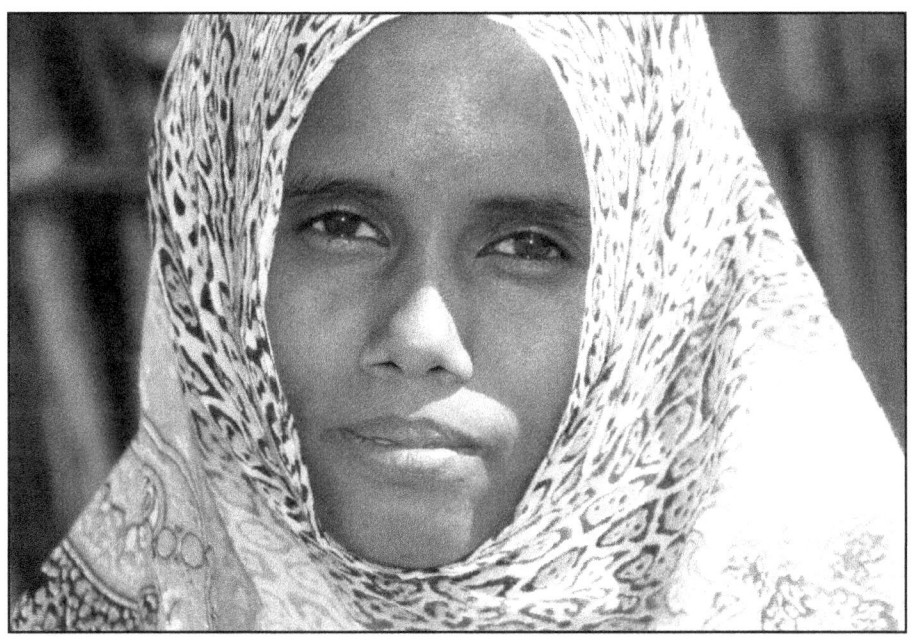

On sent la force morale et l'autorité de cette femme qui ne peut malheureusement pas toujours faire entendre ses aspirations et ses souffrances.

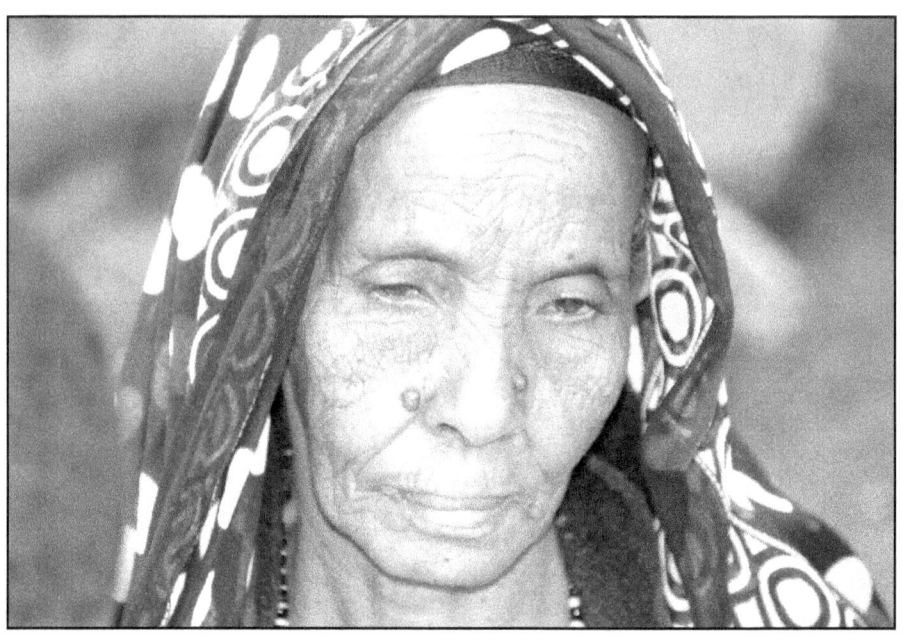

Muette et pourtant éminemment précise, cette « mater dolorosa » ne m'a pas regardé mais elle a laissé les mots de ses souffrances apparaître sur son visage.

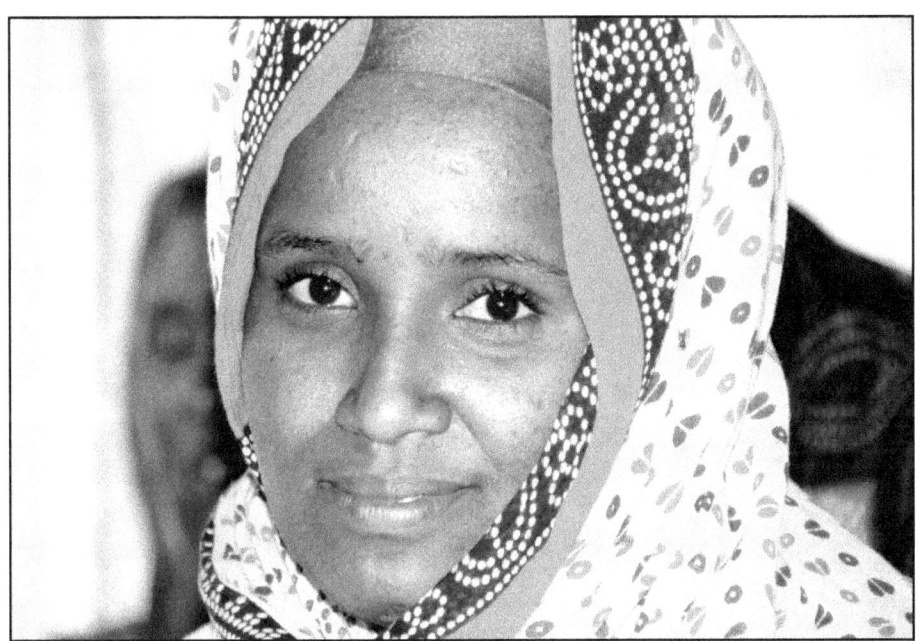

Elle connaît la dureté de la vie, sans eau, sans électricité, sans médicaments, mais elle assume et dirige sa destinée avec force et autorité.

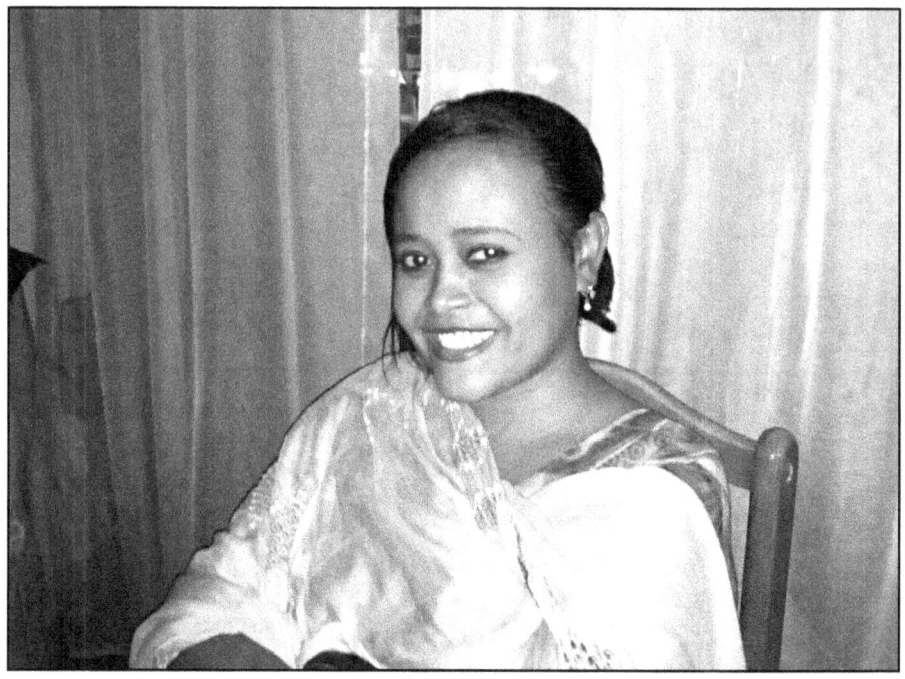

Elle était notre interprète. Nous l'avions invitée dans un restaurant. Pour elle, manger à l'européenne, c'était une première ! Sa joie était magnifique !

Mes oiseaux-lyres

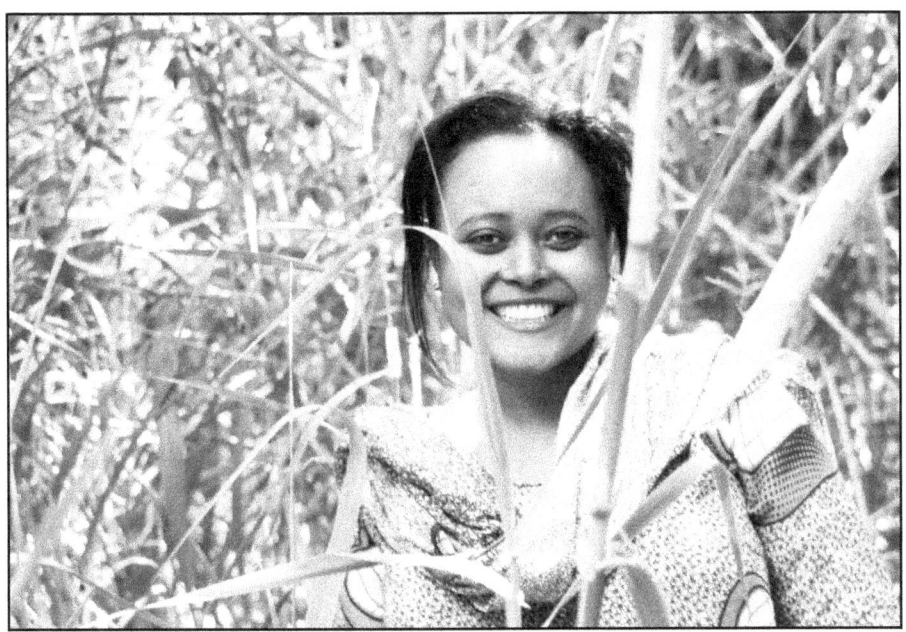

J'ai écouté avec bonheur ses confidences. Ses douleurs, ses espoirs. Il est difficile d'être une femme libre quand la loi impose la soumission.

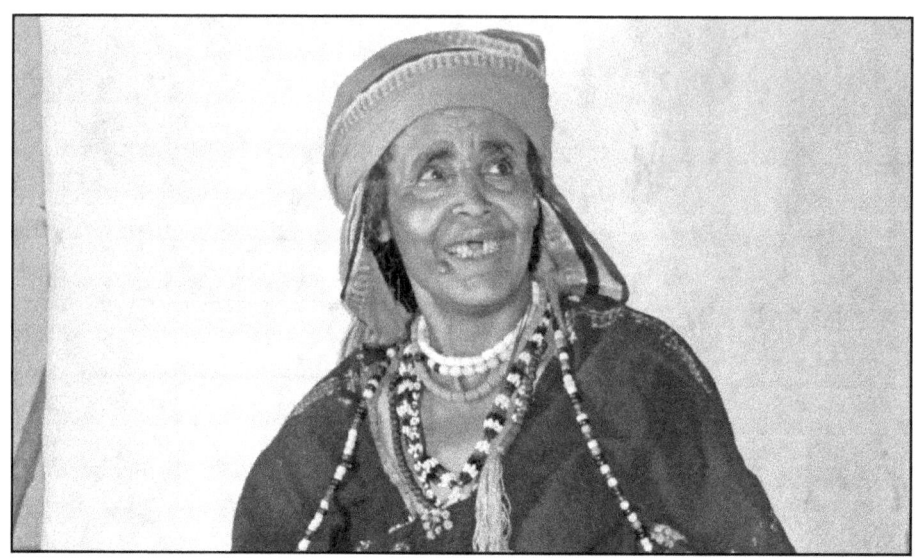

Dans un village perdu près de Babilé (Ethiopie), j'ai rencontré cette femme enjouée. Pour gagner quelques sous, elle a sorti tout un arsenal : cérémonie du thé, khat, chanson d'ambiance, costume traditionnel à revêtir, bijoux ...

Mes oiseaux-lyres

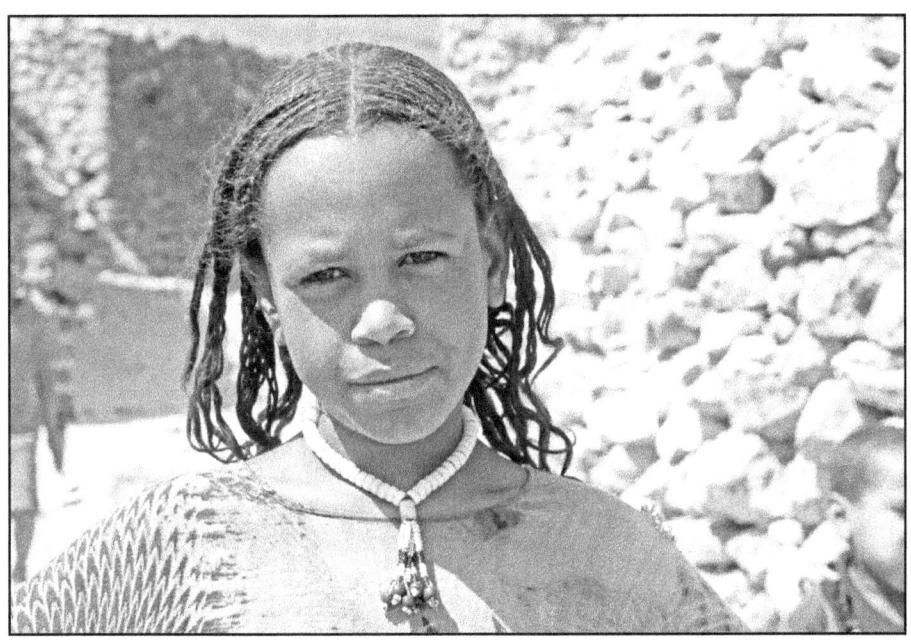

Elle attendait les rares touristes au bout de son village éthiopien, perdu sur l'arête d'une montagne. « Voulez-vous me suivre ? » semble-t-elle nous demander.

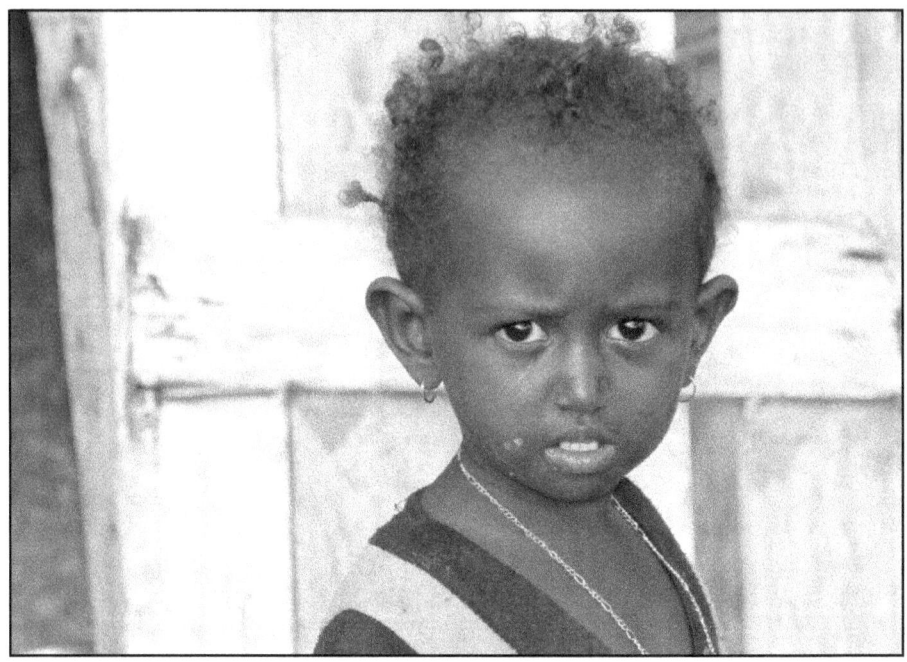

Toujours méfiante avant de comprendre ce qu'on lui veut... Une fois cet instant passé, elle offrira un somptueux sourire.

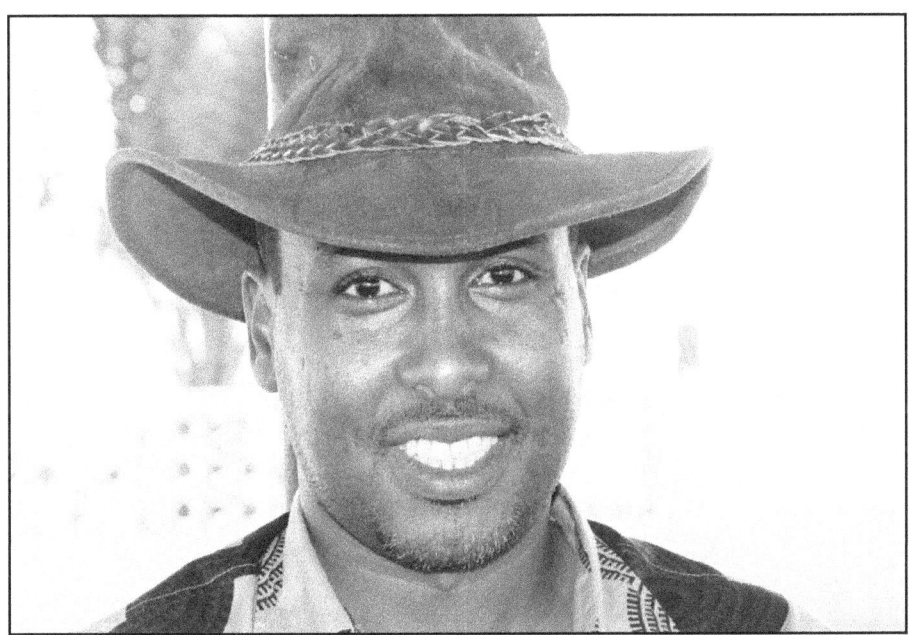

Très souvent, la rencontre est facile, même entre deux inconnus. Un moment d'intimité se crée. Le photographe capte, mais ne capture pas !

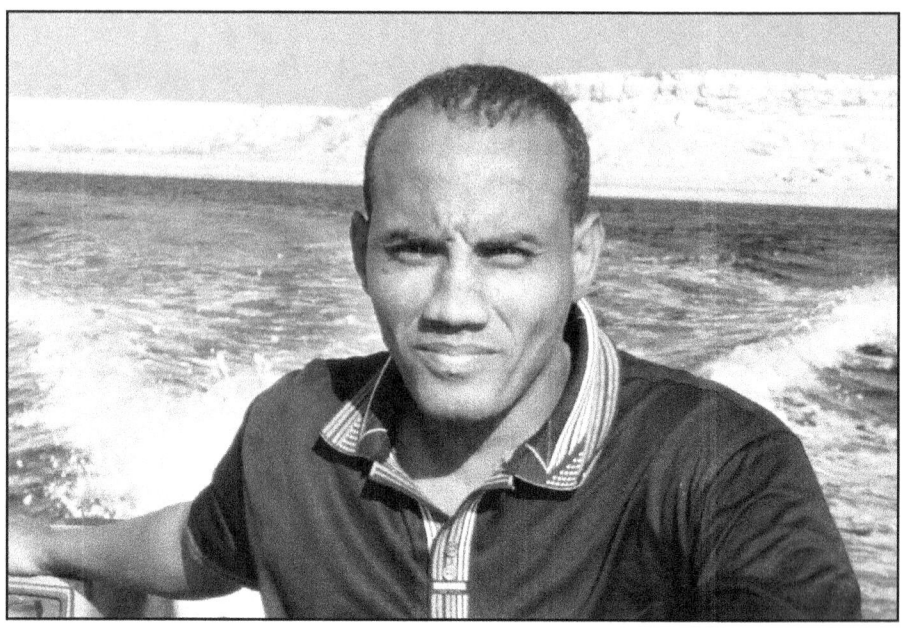

Il a posé son campement dans l'un des plus beaux paysages du monde. Il reçoit ses visiteurs avec beaucoup d'enthousiasme et les comble de mérous grillés.

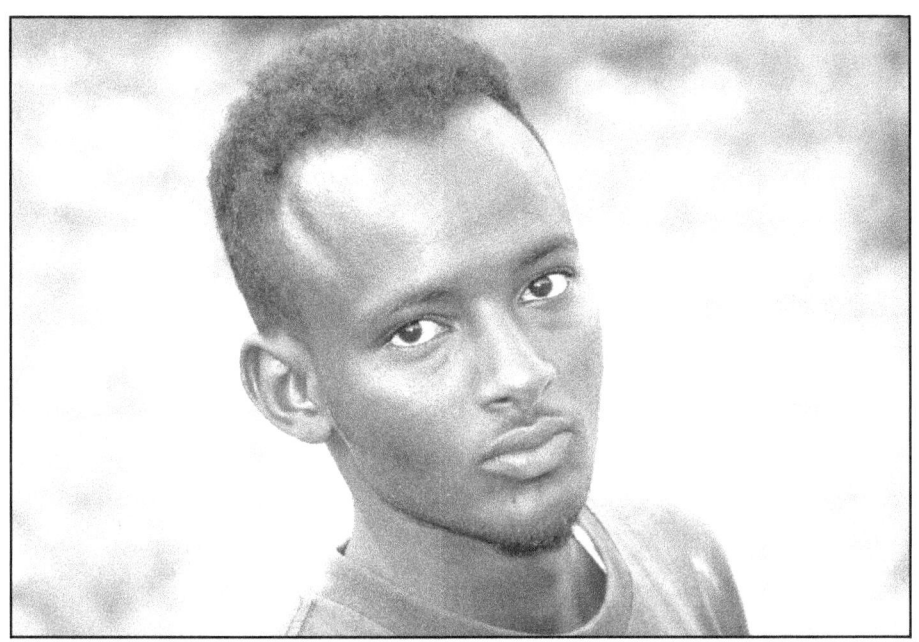

Ce jeune homme représente parfaitement une jeunesse pleine de richesses et d'espoirs mais qui ne peut pas s'exprimer professionnellement.

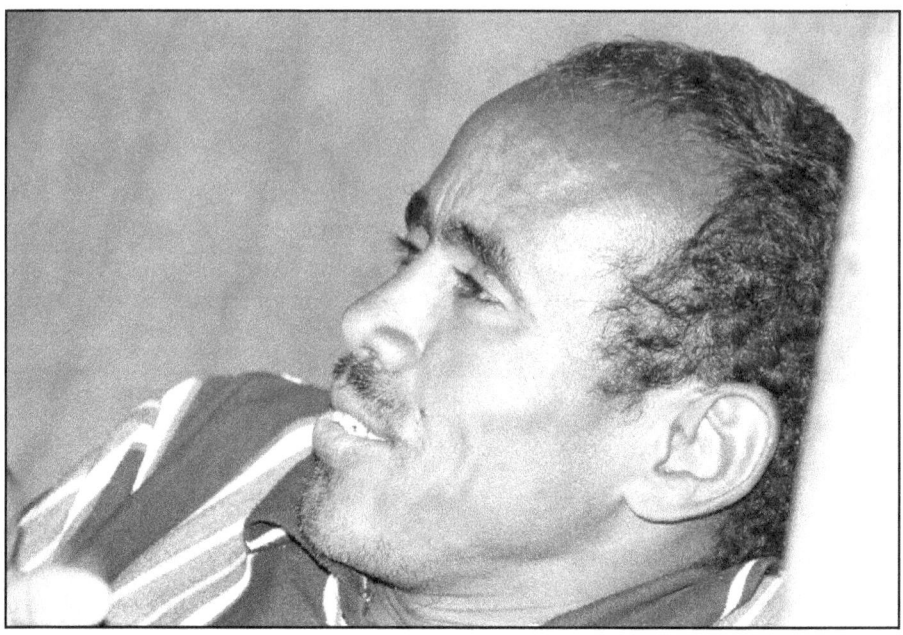

Doué en jardinage, il réussit tout ce qu'il plante. Débrouillard et créatif, cet homme est le parfait exemple de l'ancien nomade sédentarisé. Il découvre la société de consommation sans en connaître vraiment les lois et semble y perdre ses racines.

Mes oiseaux-lyres

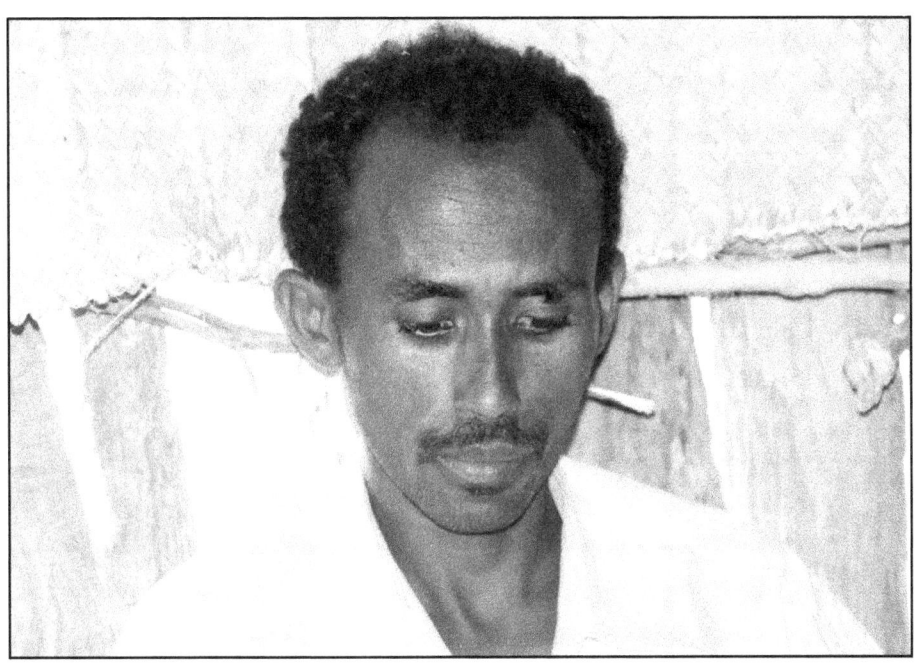

La sagesse consiste à ne pas trop parler, à faire le juste nécessaire, à laisser la porte ouverte à toutes les nouveautés et aux responsabilités. Cet homme est un sage.

Mes oiseaux-lyres

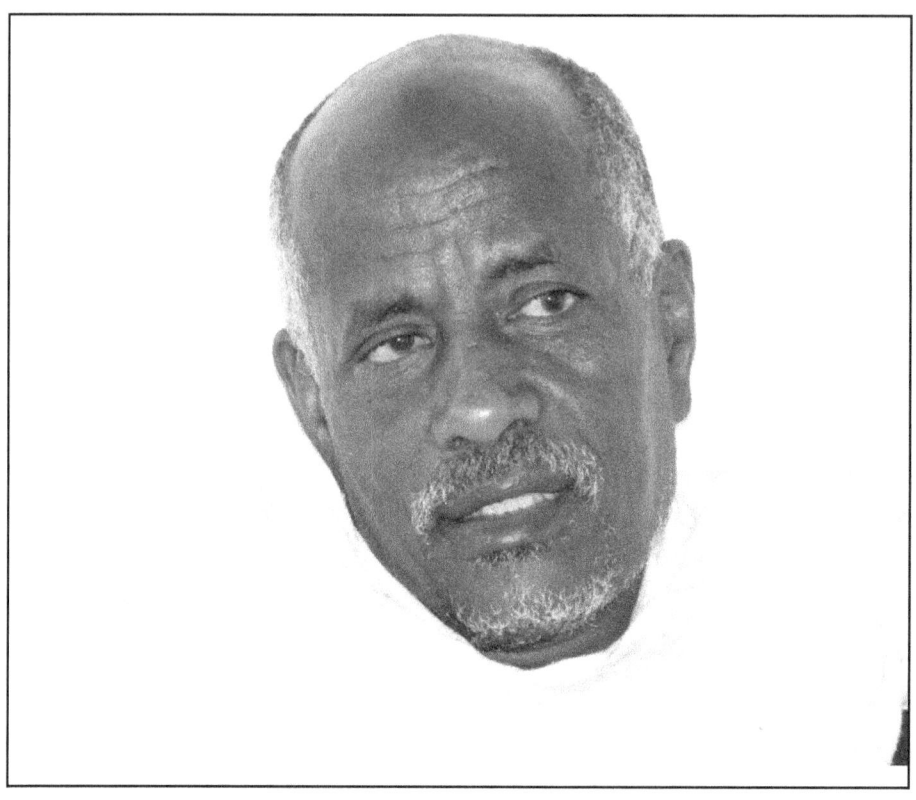

Homme d'expérience, il sait écouter toutes les voix qui s'élèvent dans le brouillard des cigarettes et de l'encens. Puis il donne son avis, paisiblement.

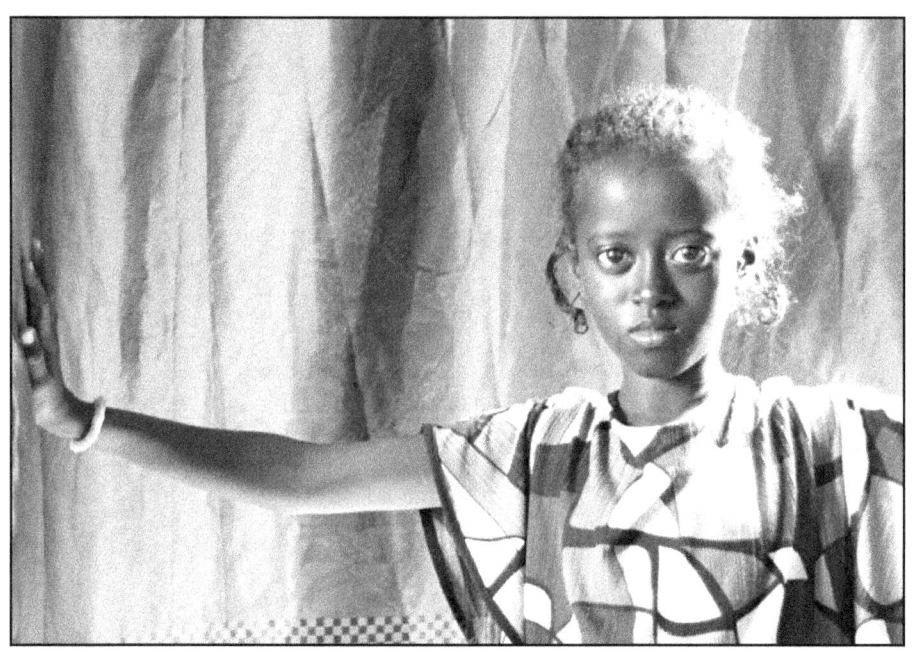

Je prenais en photo son père, elle est entrée soudainement en poussant le voile de l'entrée, elle s'est posée une seconde pour nous voir et j'ai déclenché par réflexe.

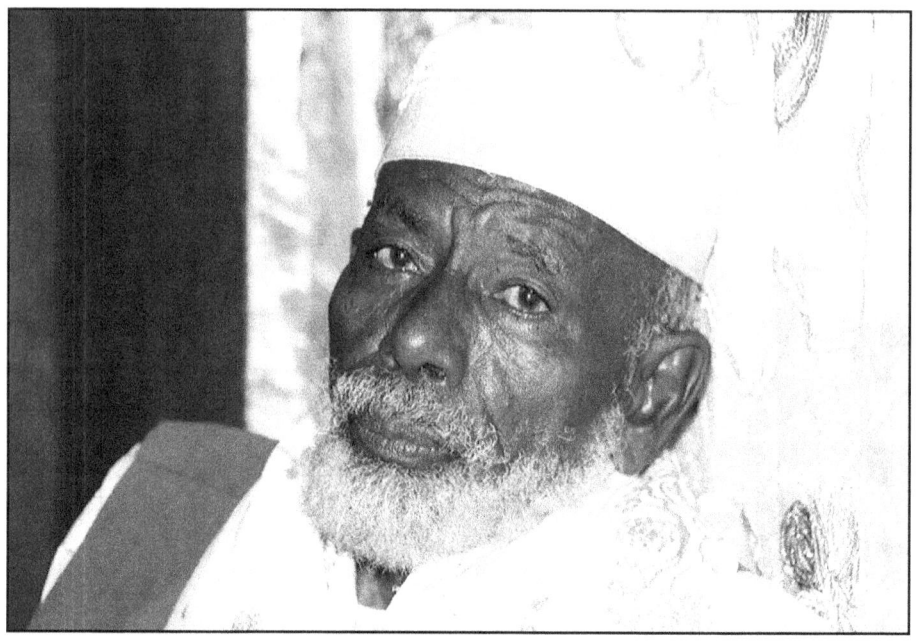

C'est un chef ! Un imam âgé qui garde confiance en l'avenir, qui accepte le progrès et les initiatives. Son regard est direct, précis. Il écoute ? De sa bouche ne sortent que des phrases adroites et sages.

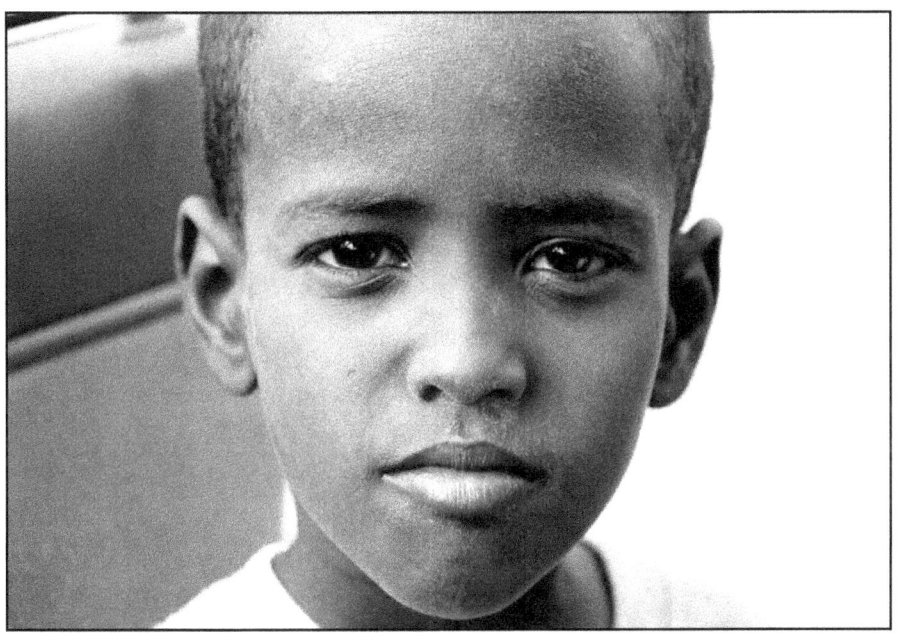

Non, il n'y a pas de mépris sur ce visage ! Juste un peu d'arrogance… Devant l'inconnu. Face à ces blancs que l'on diabolise parfois. Mais l'instant passé, le sourire revient.

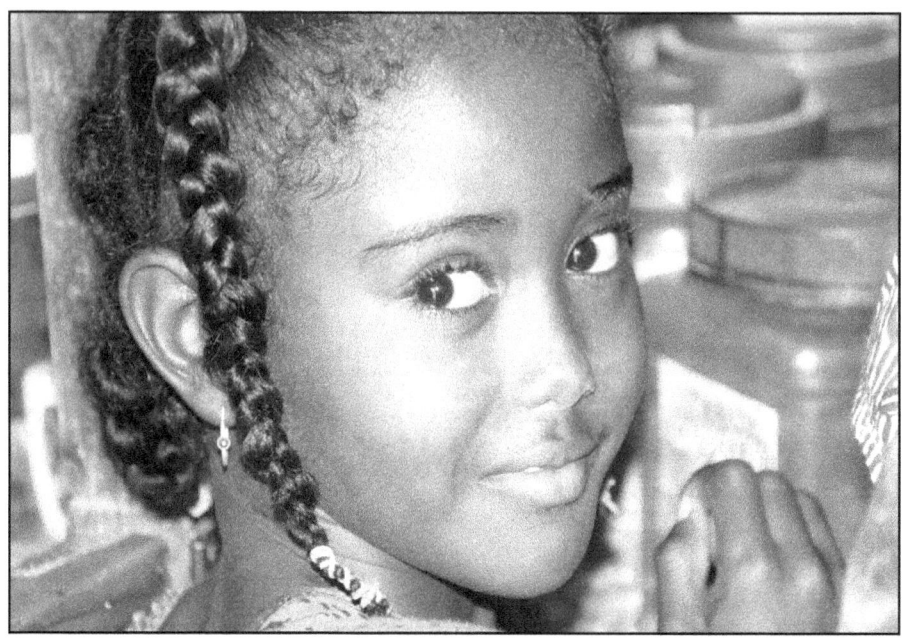

Petite fille de Tadjourah que nous avons rencontrée dans un de ces minuscules magasins qui débordent de produits les plus divers. Elle venait acheter un oignon et deux bonbons.

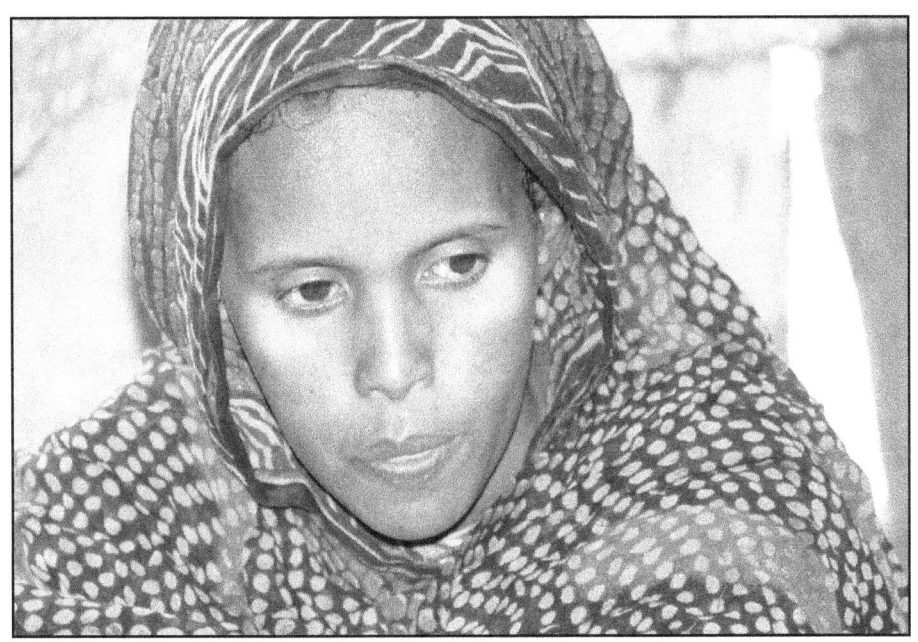

Ses pensées se sont envolées pour regarder d'en haut et pour faire le point sur sa vie. Le constat n'est pas réjouissant... Mais sa fierté est nourrie par son courage, par ses espoirs tenaces et par le fatalisme devant chaque souffrance.

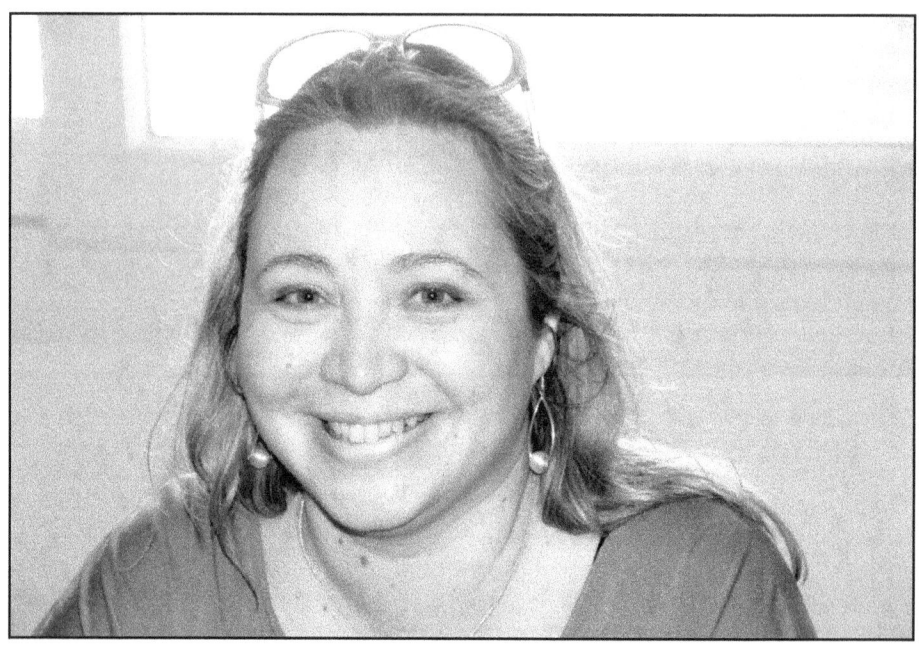

Les mots sont superflus. Les sourires et le contact des yeux disent longuement l'affection qu'elle peut donner.

Mes oiseaux-lyres

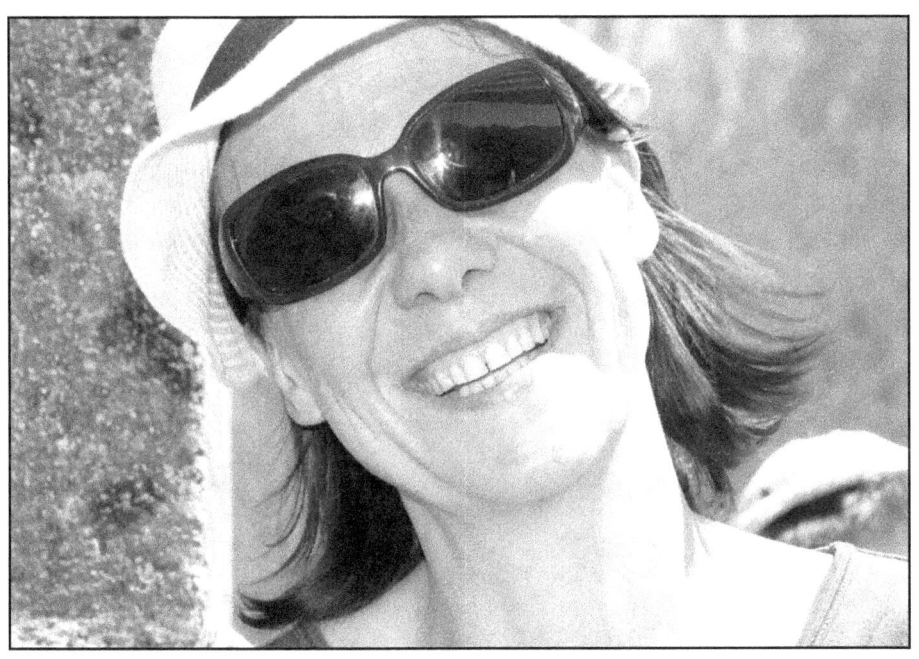

Par réflexe, on se méfie de l'objectif. Ce n'est pas la photo qui est dangereuse, c'est l'utilisation qui peut en être faite. Comment ne pas aimer ce sourire éclatant ?

Mes oiseaux-lyres

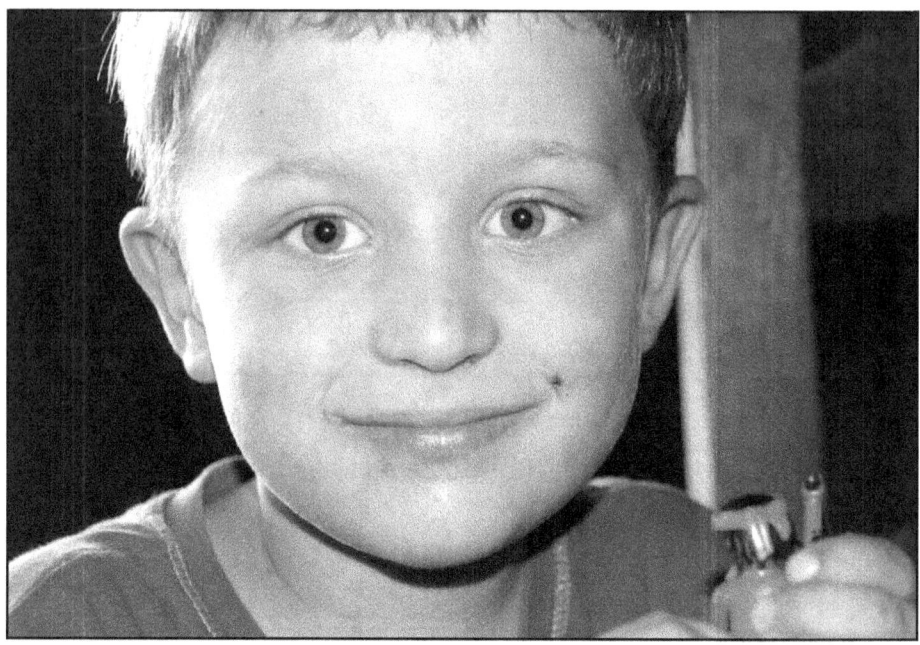

Il regarde, analyse, comprend et apprécie à sa valeur tout ce qui l'entoure. J'aime la curiosité qui émane de ses yeux et la puissance heureuse de son sourire.

Mes oiseaux-lyres

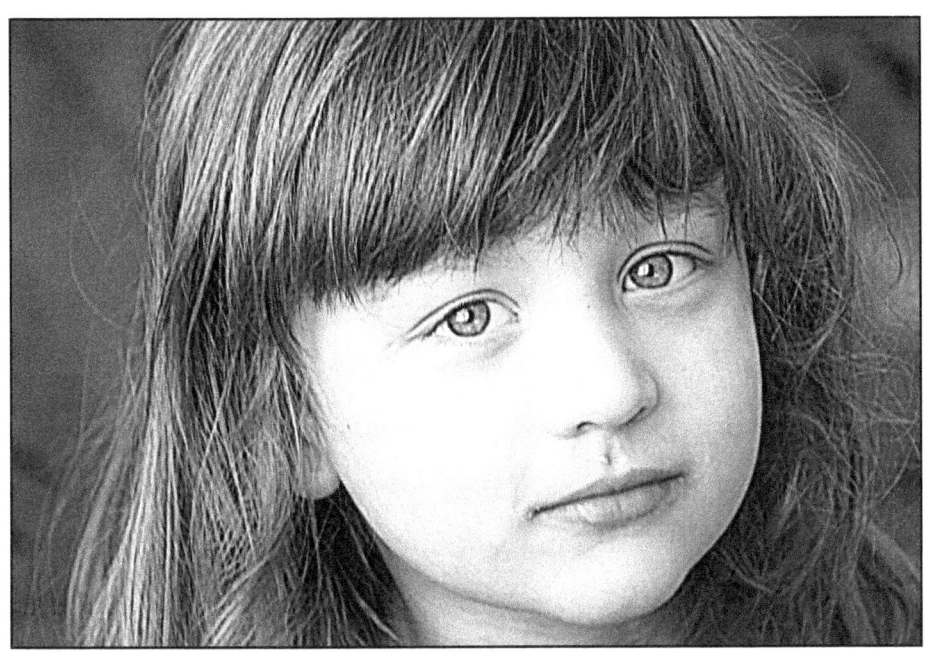

Chaque fois que je le regarde, j'ai envie de le remercier pour la force qu'il tend vers moi. Une communion d'existence.

Mes oiseaux-lyres

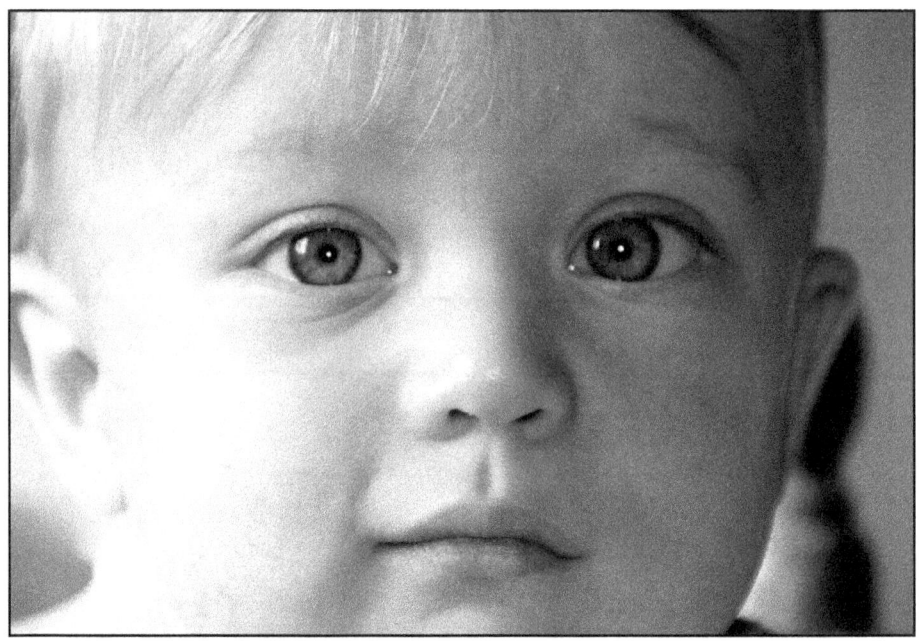

L'instant sera furtif, mais il pose deux questions au photographe : pourquoi nous regardons-nous ? Et que voyons-nous ?

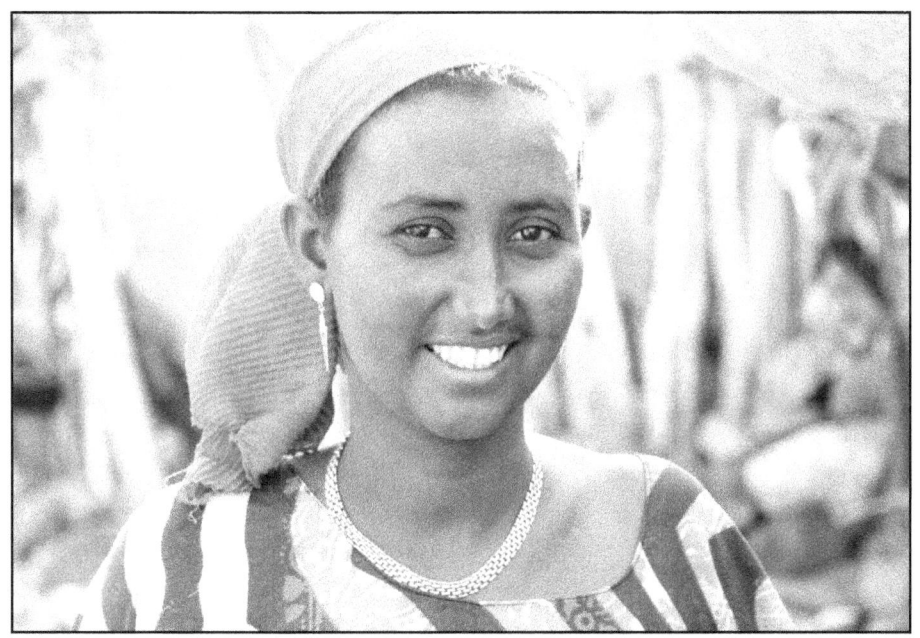

Son sourire, son accueil, sa beauté sont devenus légendaires dans le petit coin de désert où elle vit simplement. Son sens de la justice lui a valu le rôle de présidente des femmes.

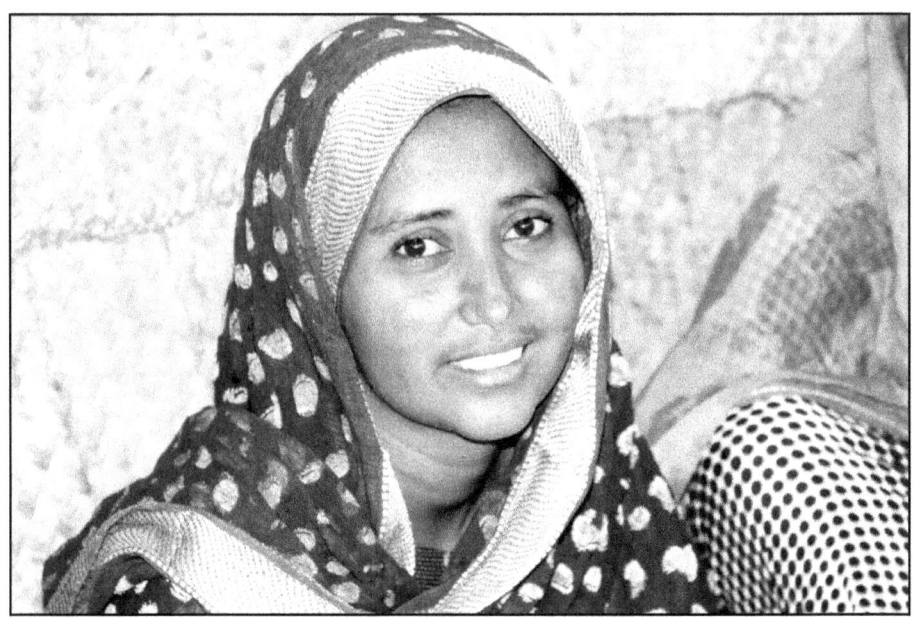

Paradoxe : sa douceur est puissante. Elle nous regarde avec de l'amour sans rien perdre de sa liberté.

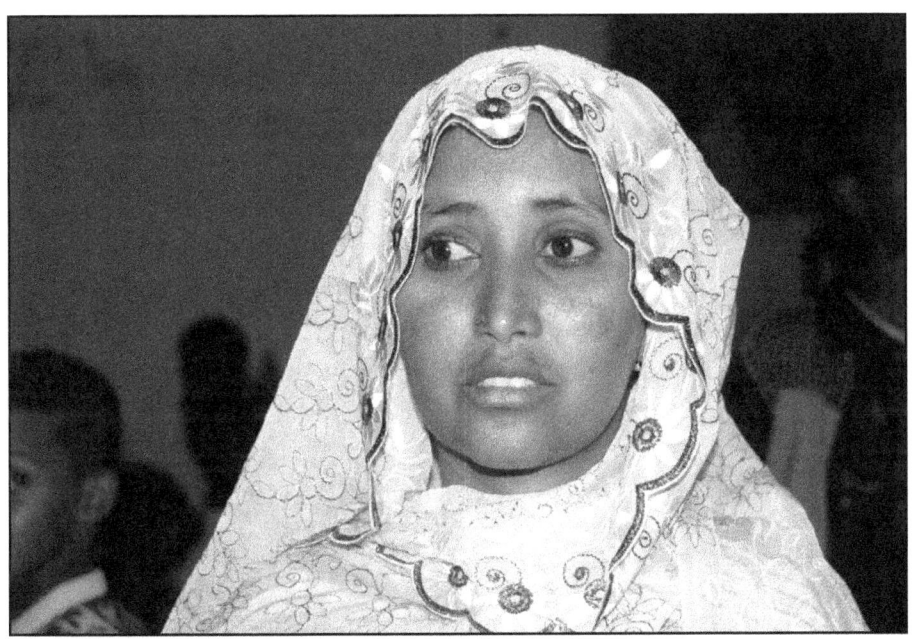

D'habitude, elle affiche un doux sourire. Mais, durant cette nuit de fête, elle a montré une vive inquiétude, une incertitude.

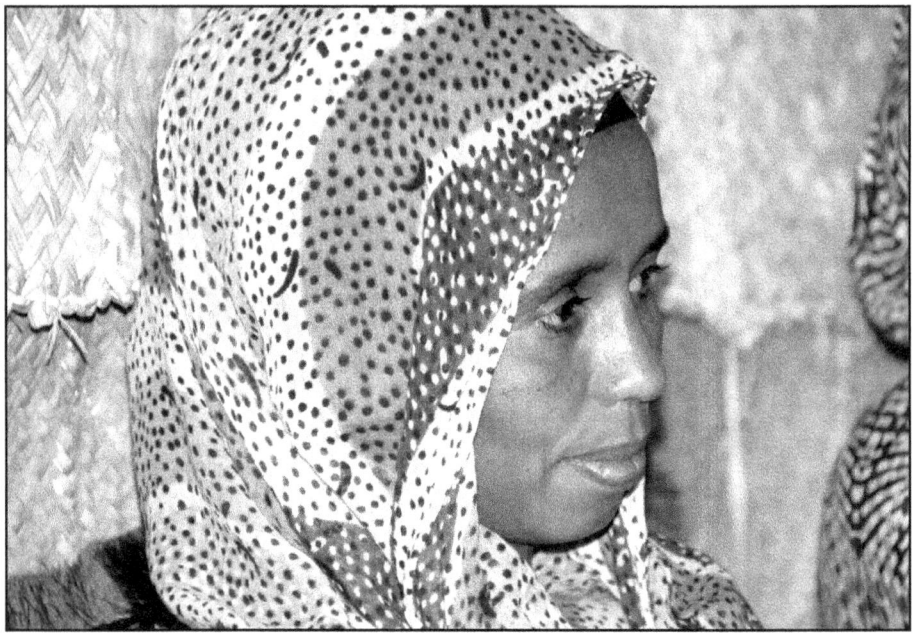

Le visage apparaît soudain parmi les méandres et les volutes des tissus chatoyants. Et le regard se pose sur les mots avec inquiétude ou méfiance. Les pièges dans la vie des femmes sont tellement nombreux !

Mes oiseaux-lyres

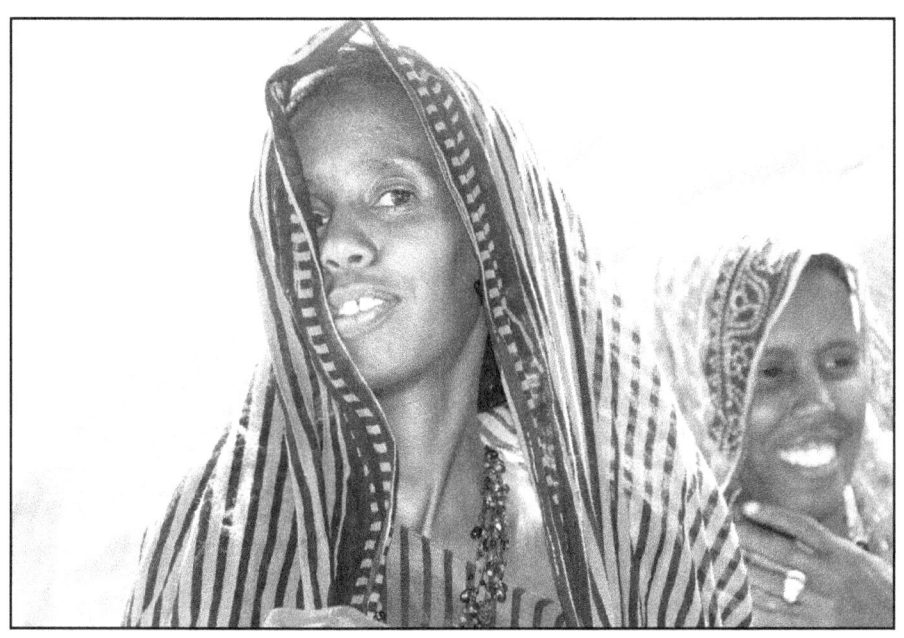

La jeunesse use et abuse du jeu des voiles qui s'envolent et dévoilent ce que les paroles taisent.

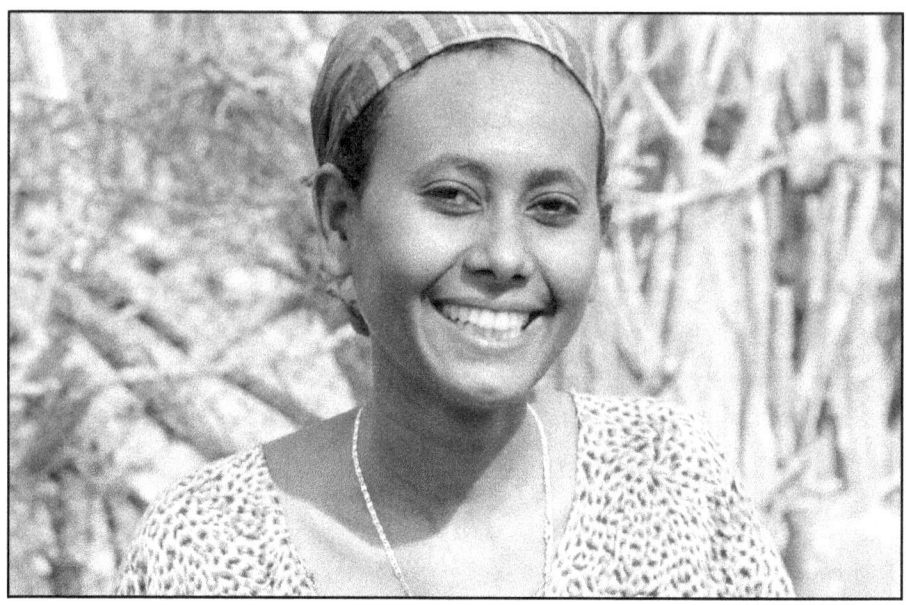

La nuit venue, elle nous chantait des mélodies afars, des chansons d'amour. Puis elle partait dans un immense éclat de rire, comme pour se moquer de son audace.

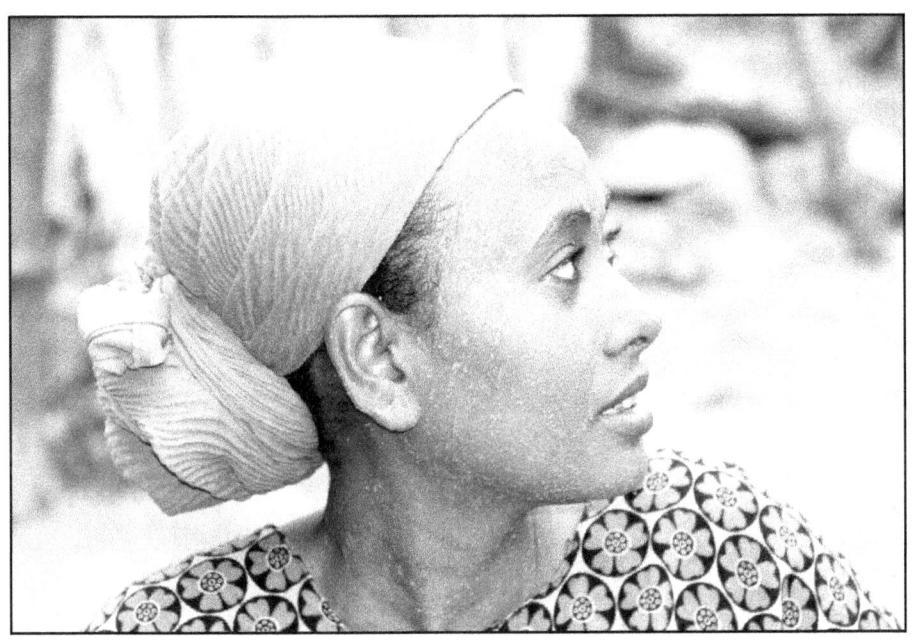

Comme toutes les Afars, cette jeune femme prend soin de sa peau. Elle prépare une crème avec des plantes qu'elle trouve dans la nature et enduit son visage d'une épaisse couche pendant quelques heures.

Mes oiseaux-lyres

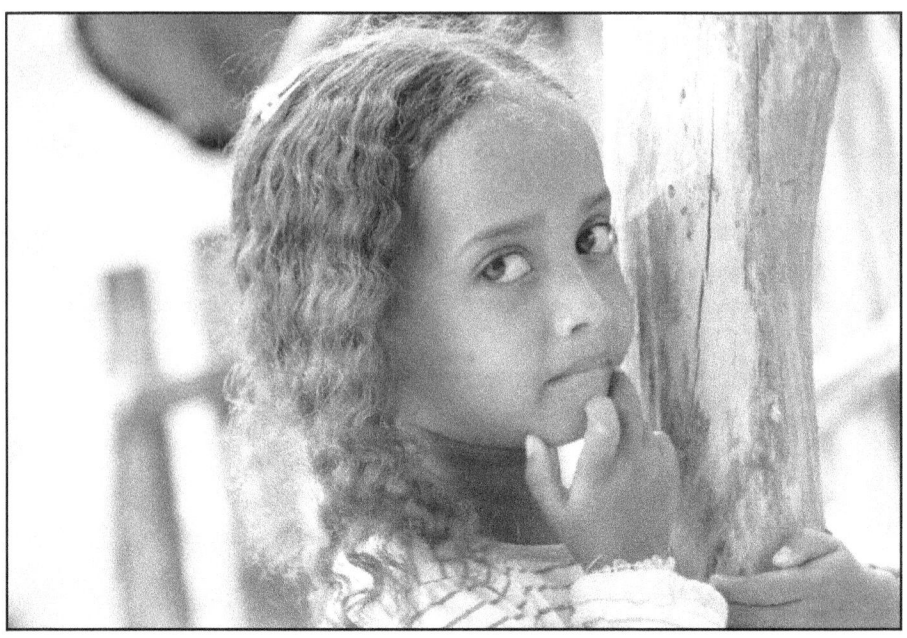

J'ai toujours été émerveillé par les yeux de Kika. Nous l'avons connue encore bébé. Elle regarde toujours la vie avec inquiétude mais elle sait aussi nous noyer dans un sourire de sa vie cachée.

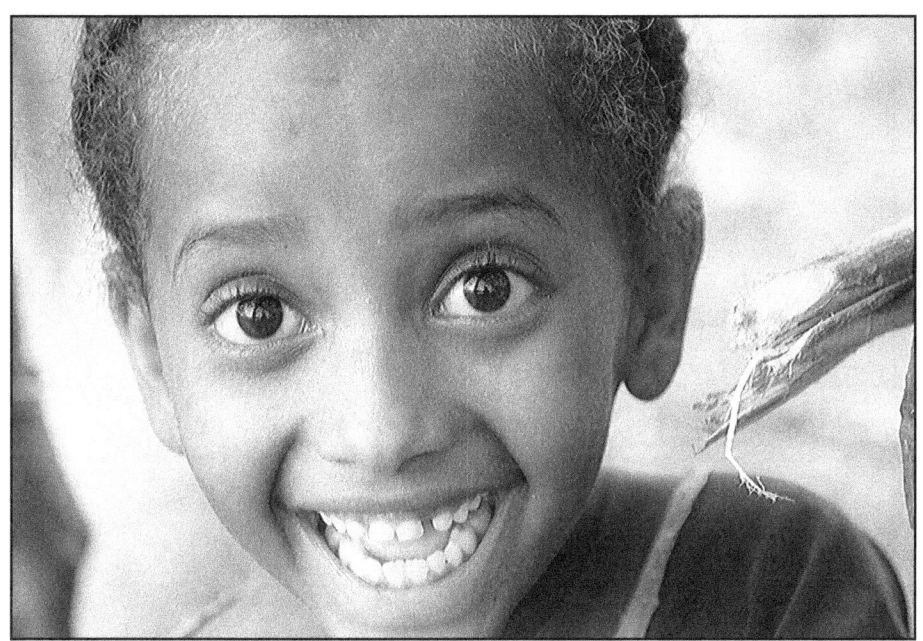

Cette fillette a certainement le visage le plus expressif parmi toutes les personnes d'un village où la plus stricte impassibilité est recommandée.

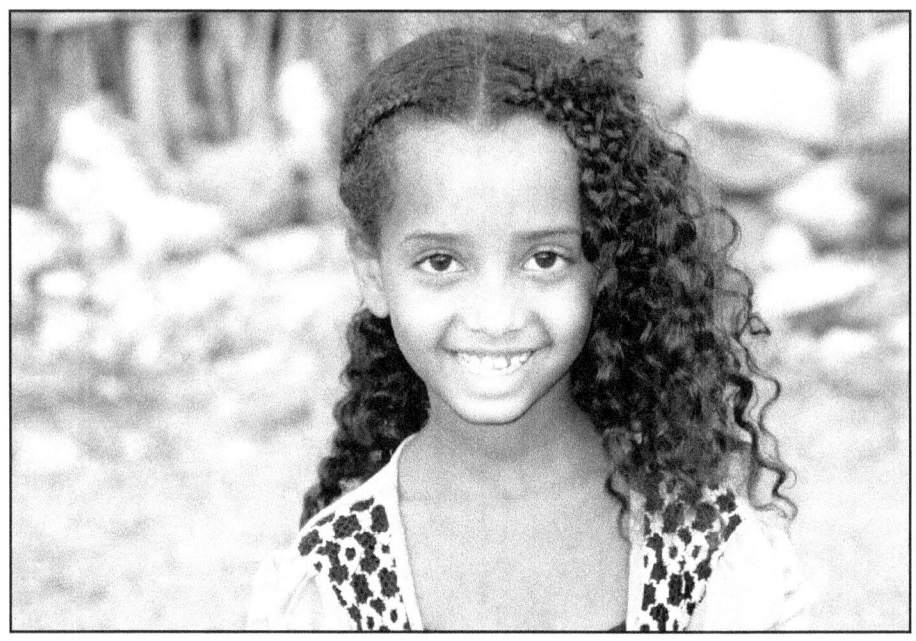

A force de la voir coiffée, c'est toujours une surprise d'apercevoir ses longs cheveux sombres et les petites tresses qui se défont au fil des jours.

Mes oiseaux-lyres

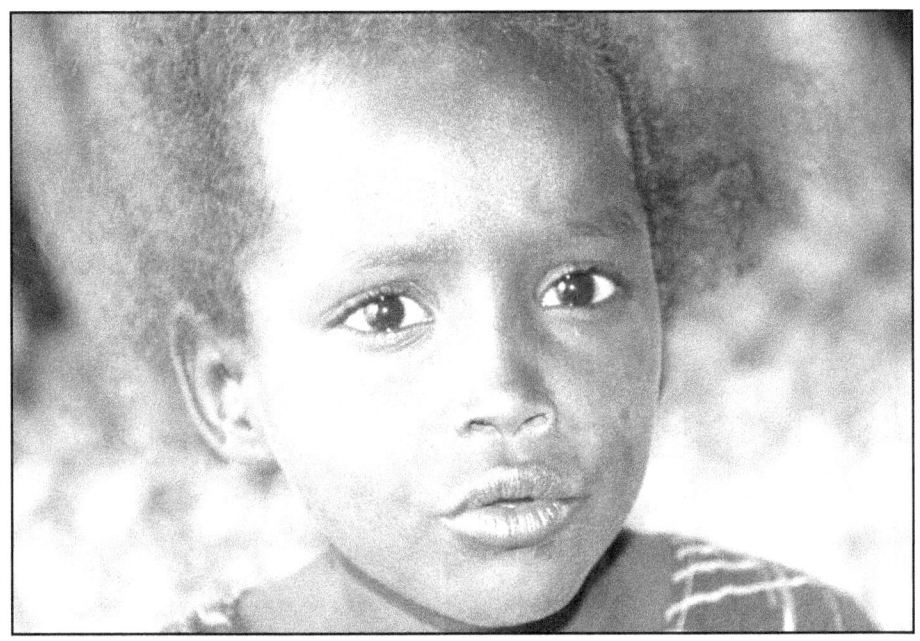

Elle s'accroche à tout ce qui l'intéresse. Avec force, avec la crainte du désespoir. L'instant fait des promesses, le temps voit les échecs…

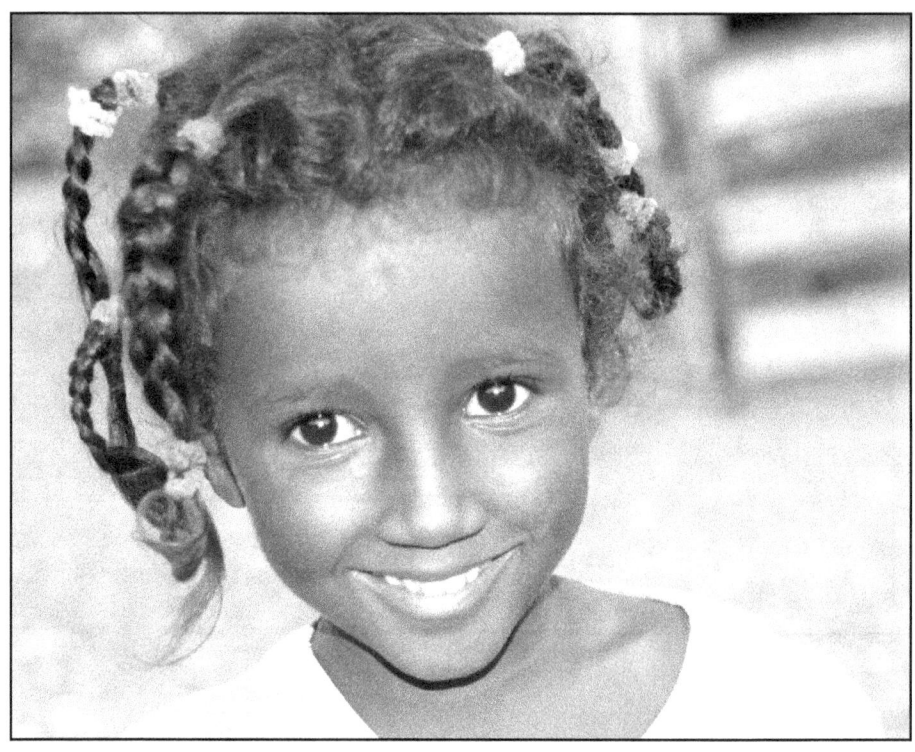

Quel sera l'avenir de cette petite fille, joliment coiffée ? Que pourra faire son doux sourire contre la détresse sociale ?

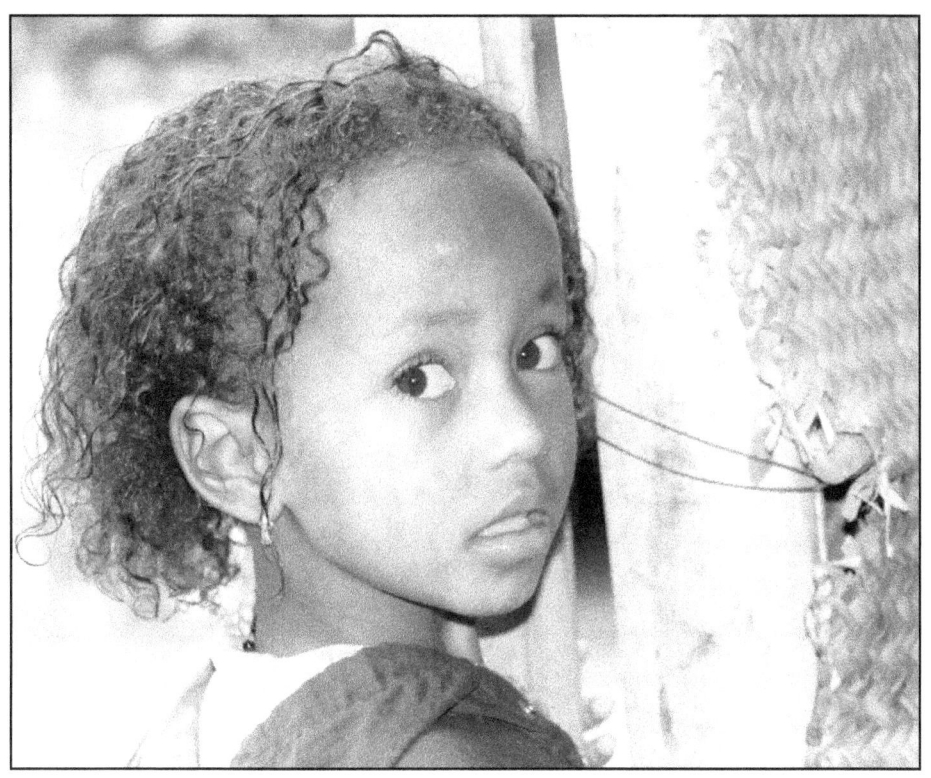

Est-elle simplement surprise ou bien vient-elle de pleurer ? Ce qui est sûr, c'est que son visage est d'une grande beauté. Et toujours un beau moment pour une photo.

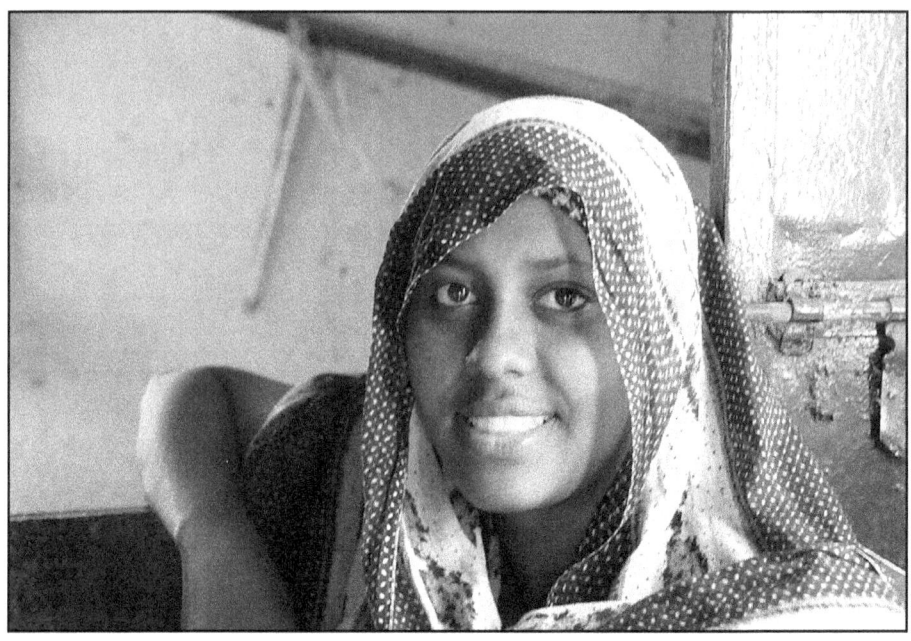

Elle s'envole dans les rêves de tous les adolescents. Elle voudrait un monde meilleur, plus riche, plus généreux. Elle garde espoir au milieu de toutes les désillusions…

Mes oiseaux-lyres

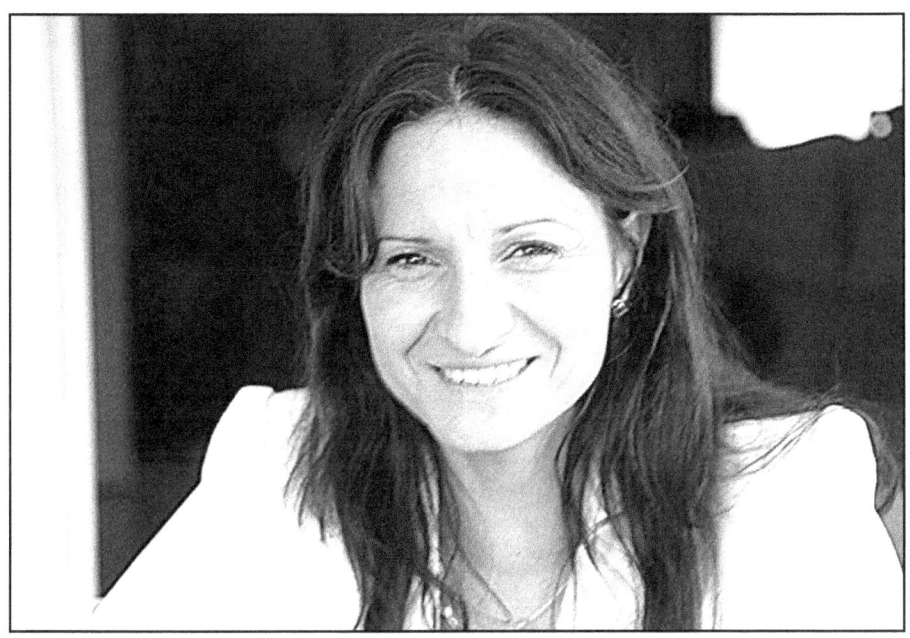

Elle ne sait pas s'il est bon de rester paisible devant l'objectif... Mais l'hésitation cède très vite le pas à l'espoir : le sourire est une arme efficace.

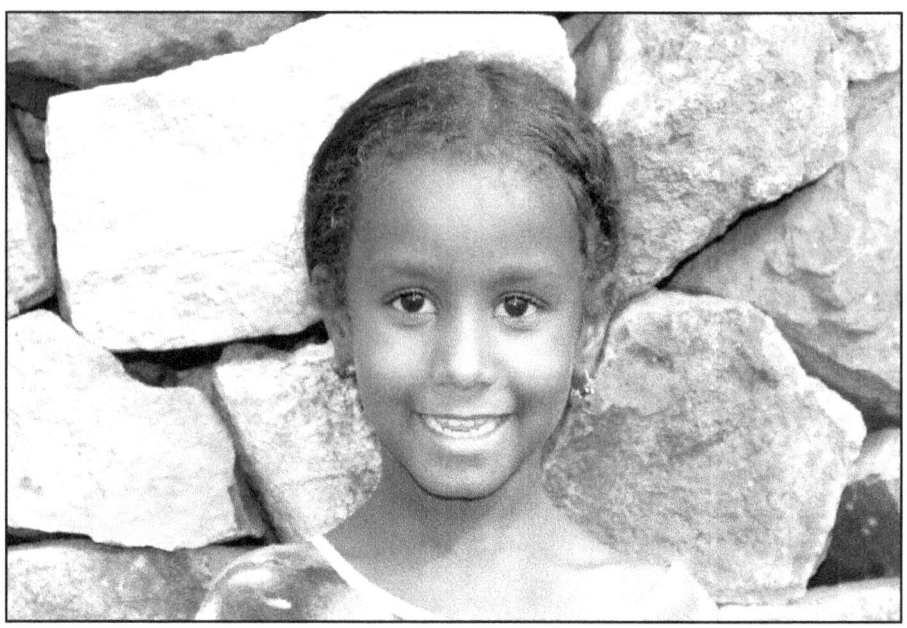

Certains enfants acceptent totalement l'idée de la photo et se livrent entièrement sans l'ombre de la moindre superstition.

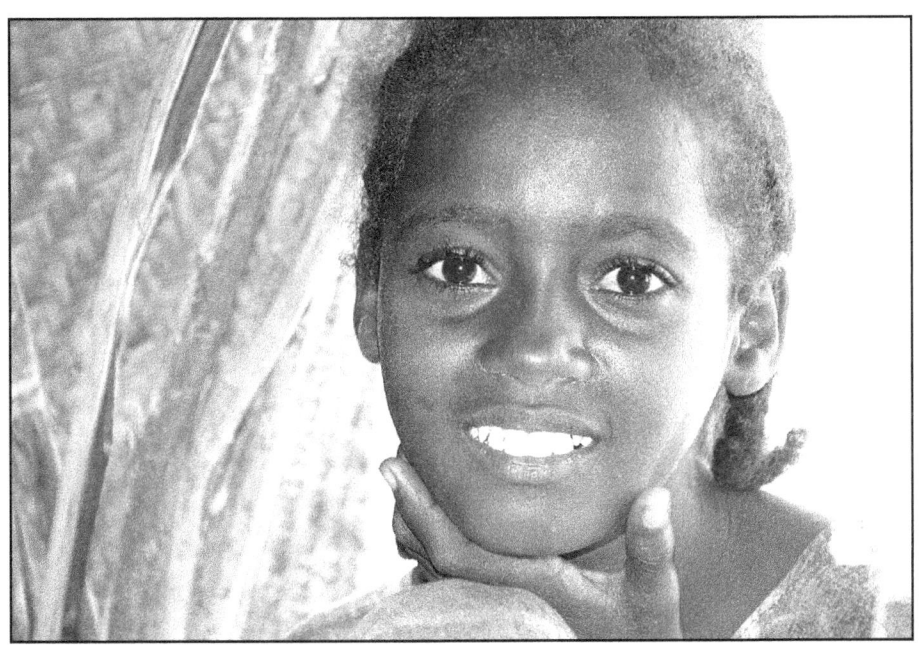

Elle a posé son visage dans sa main : était-ce une offrande ? Elle montrait encore ses rêves de petite fille. Elle parvenait à la fin de l'âge heureux !

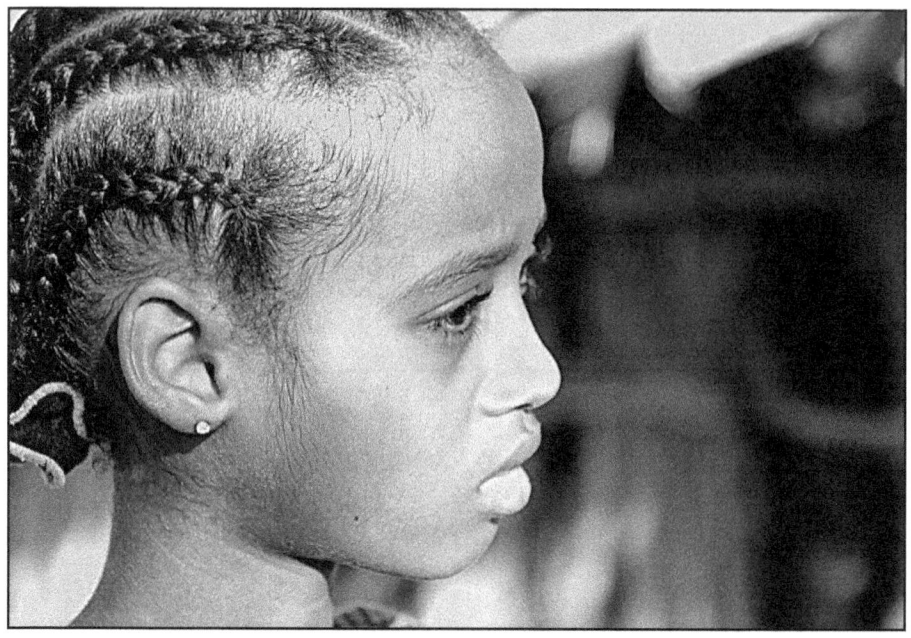

Toute la douleur de la privation et de la honte... Elle devait ne jamais lire ni écrire ! Elle l'a refusé. Elle a décidé d'apprendre. Elle ne veut pas être une domestique, comme beaucoup de femmes aujourd'hui ...

Mes oiseaux-lyres

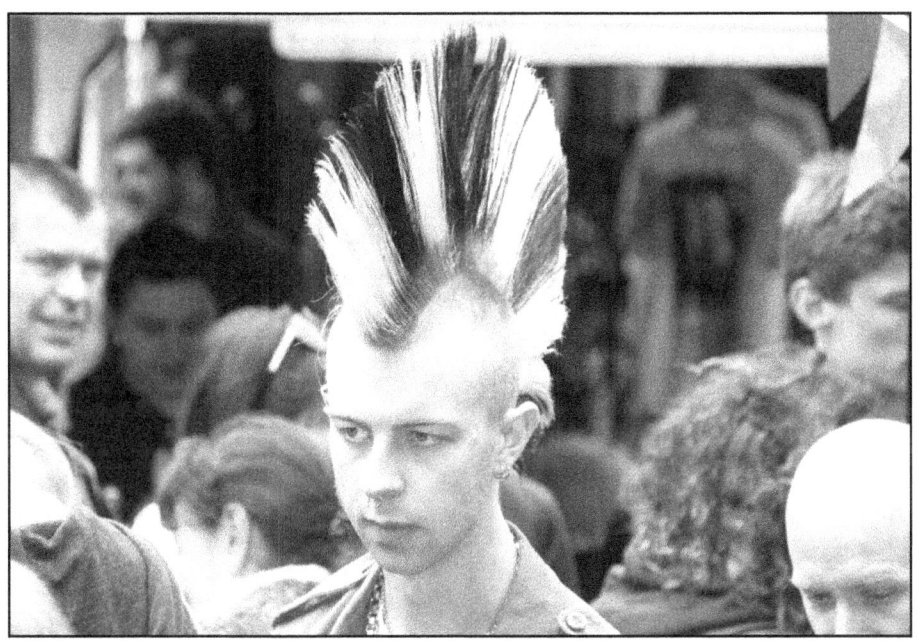

Il passait dans la rue. Quand il m'a vu le prendre en photo, il m'a délivré un grand sourire.

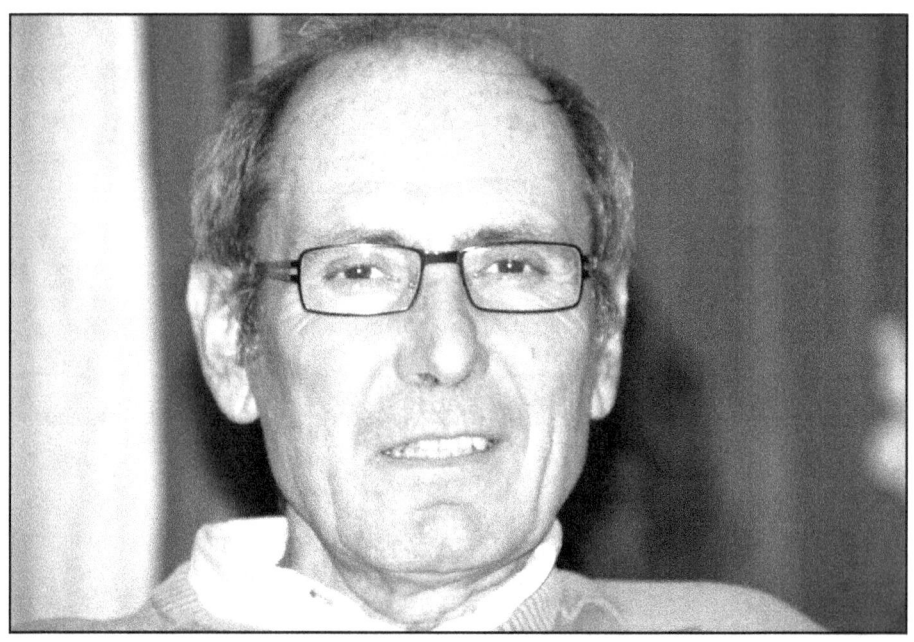

Quelques mots suffisent à des passions communes. L'empathie est souvent un accord qui ne s'explique pas. Et les photos figent ces accords.

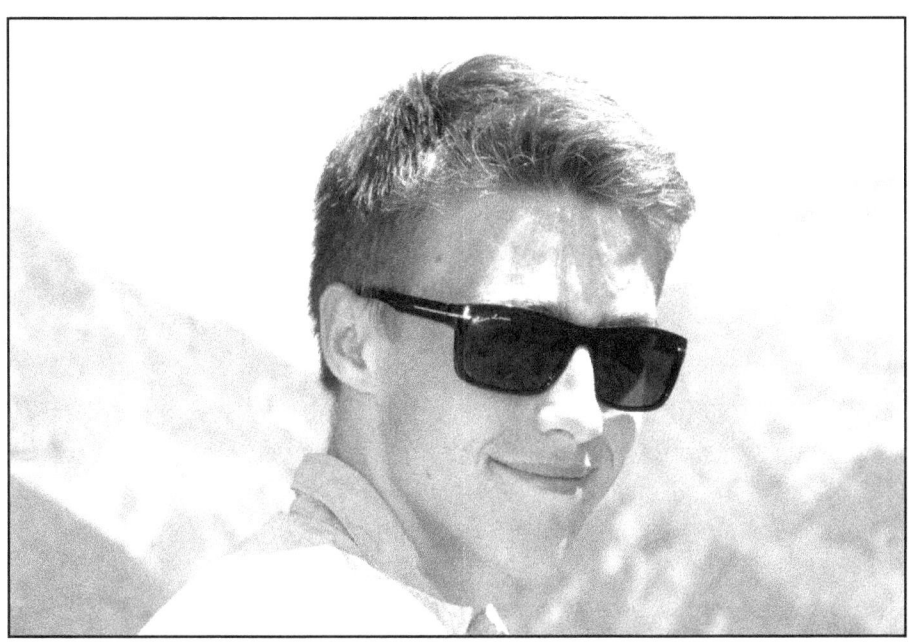

Quatre ans depuis la dernière photo... Je le reconnais à peine. Dans ce visage attachant, le sourire est toujours aussi généreux avec, toutefois, une pointe de réserve.

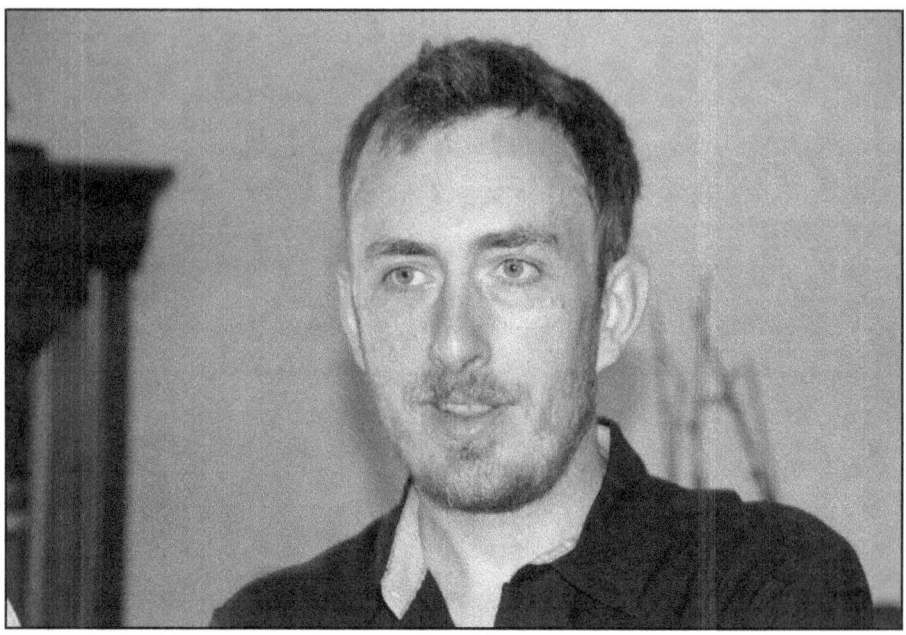

Le regard est précis, intense et donne au visage une mâle assurance sans toutefois cacher un calme épicurien.

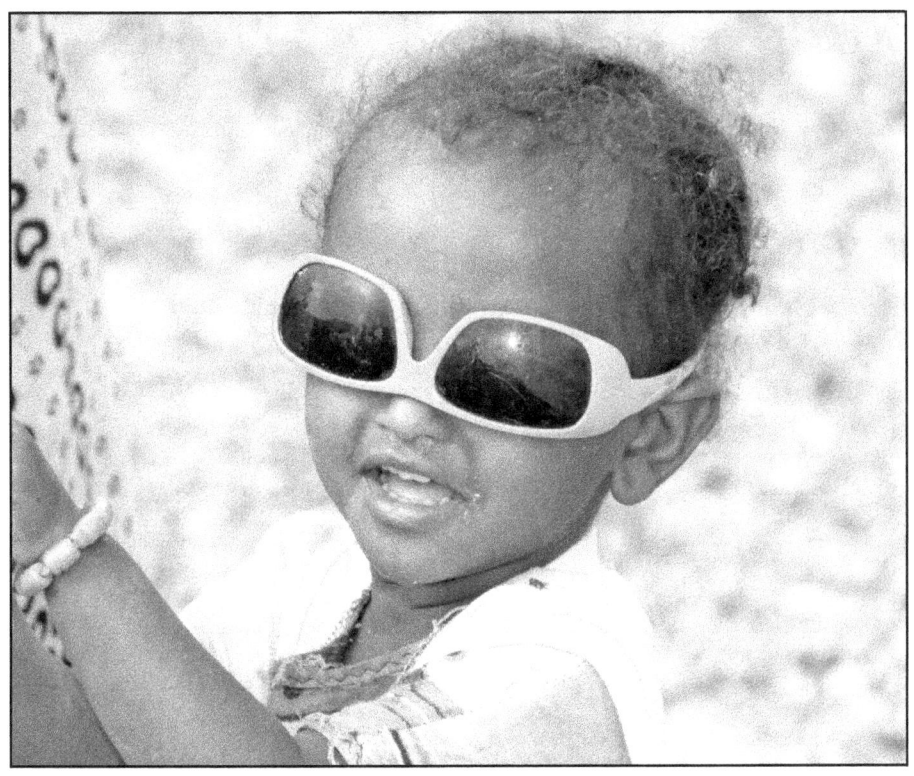

J'aime l'instant où l'enfant se rend compte qu'il est comique. Au début, sans trop savoir pourquoi. Puis il comprend, ça le rend tout timide, et ça lui fait en même temps bien plaisir.

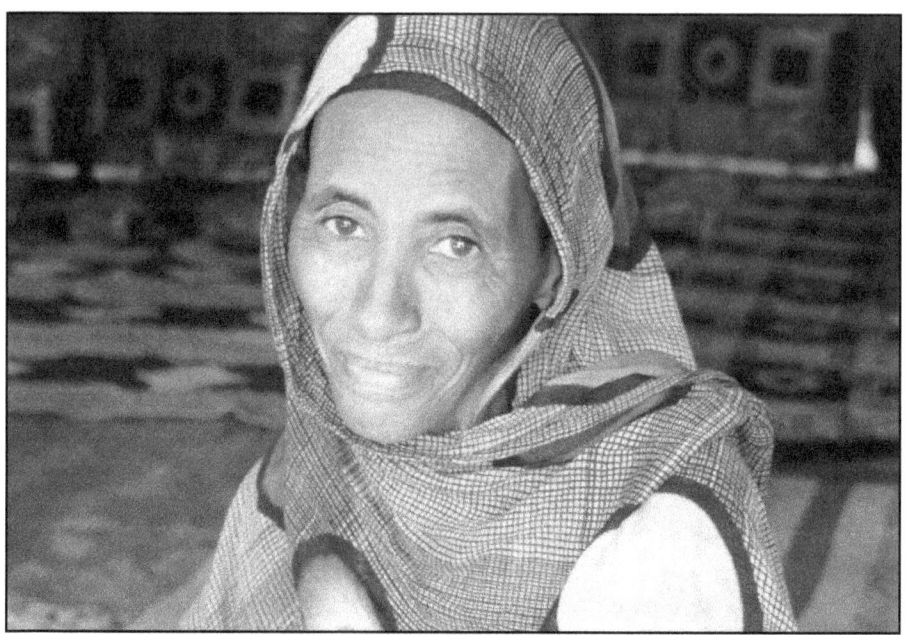

Que son humble et puissant regard déborde de reconnaissance ! Elle est venue prendre quelques médicaments et une lampe solaire...

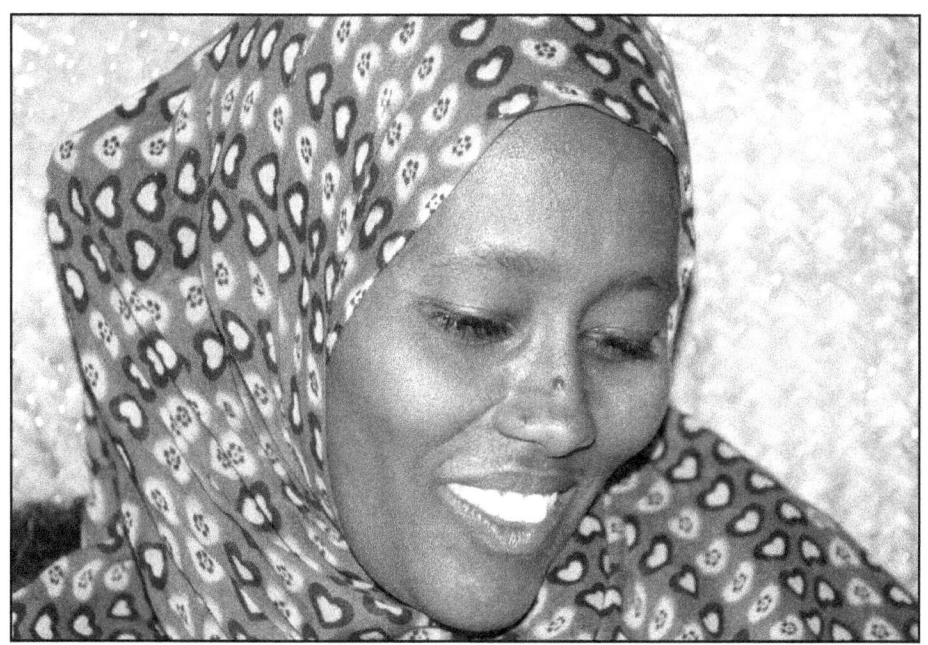

Sait-elle qu'elle peut lever les yeux ? Le poids des coutumes est tel que la soumission du regard n'a pas encore disparu partout. Sait-elle qu'elle est belle ? Les interdits brident la féminité pour rassurer les hommes fragiles.

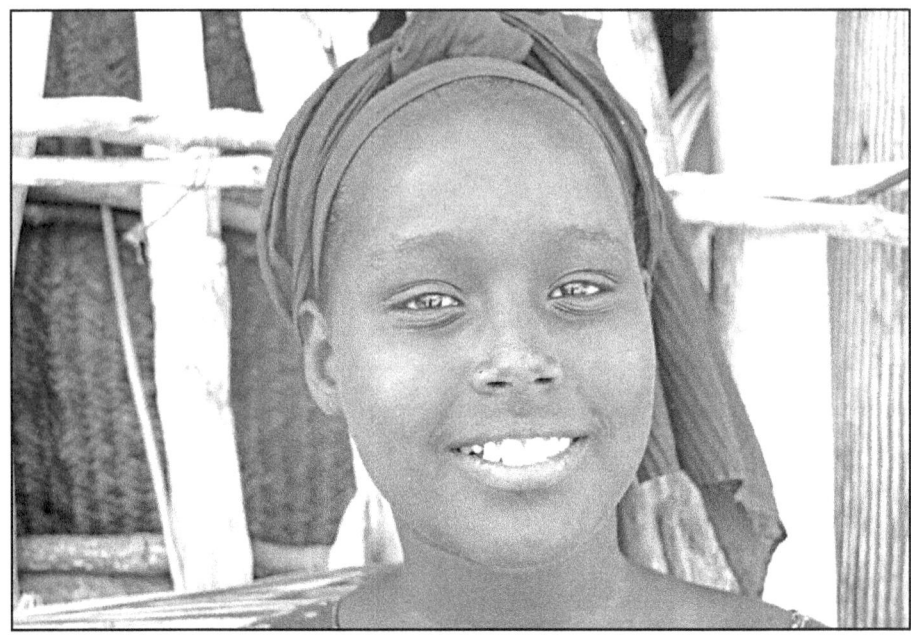

Nous avons appris à nous méfier de cet apparent bonheur et de la beauté de ces jeunes filles. Il y a, cachée, l'attaque sournoise de la malnutrition, qui s'ajoute souvent à l'épuisement et aux problèmes de la consanguinité...

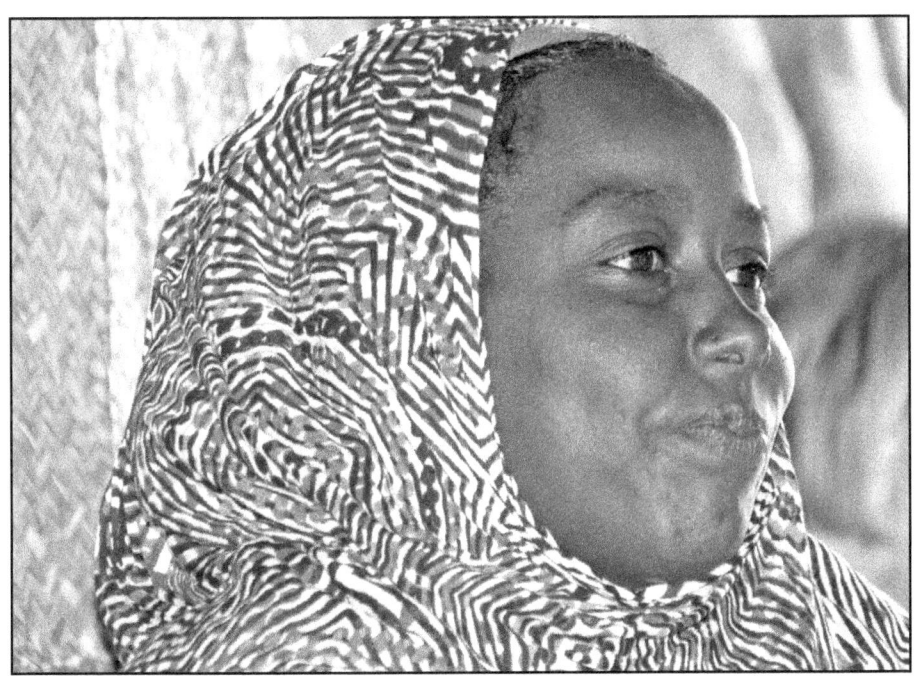

Réticente... mais par jeu ou par convenance. Ensuite, cette jeune femme va partir d'un vibrant éclat de rire. Au fil des jours, je n'ai vu que le bonheur sur son visage. Alors qu'elle manque de tout : eau, médicaments, vêtements, argent, etc.

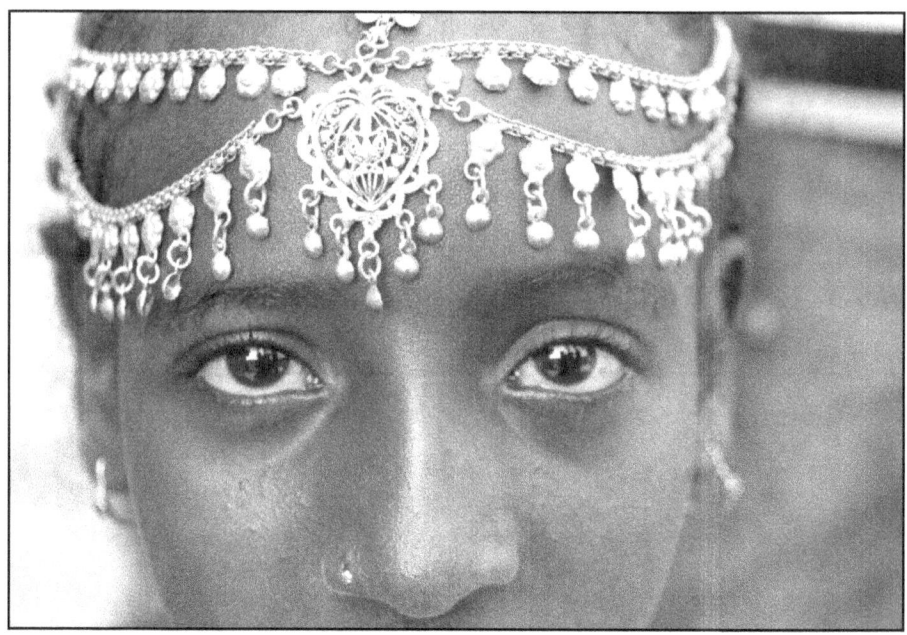

Pour les mariages, mais aussi pour honorer un invité, les femmes afars se parent de bijoux et de tissus rutilants. Le contraste est immense entre la richesse de ces parures et les vêtements du quotidien.

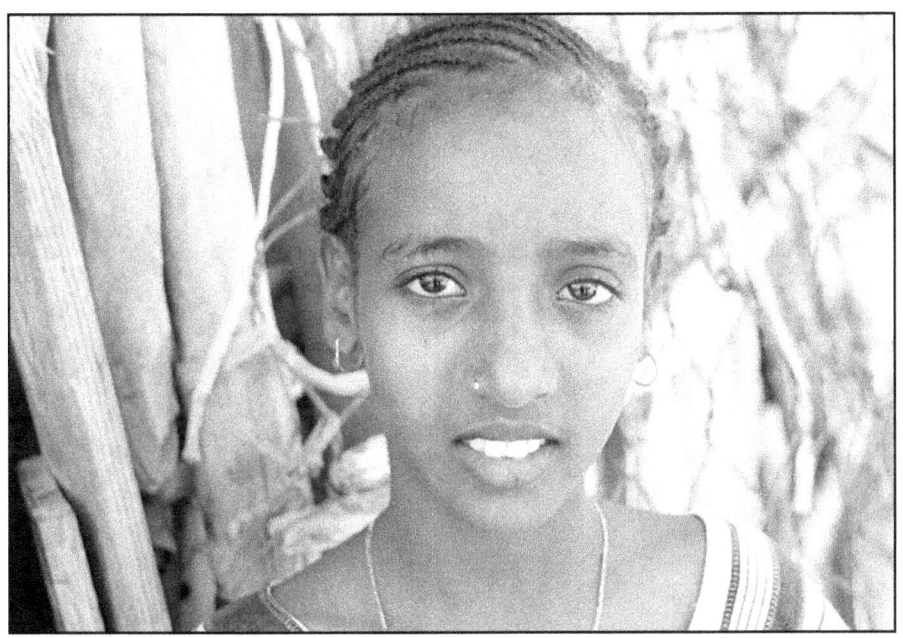

Les bijoux ne sont pas un signe extérieur de richesse, pas même un moyen de séduction. Mais un hommage à la Beauté et à la Féminité ! Un appel au respect.

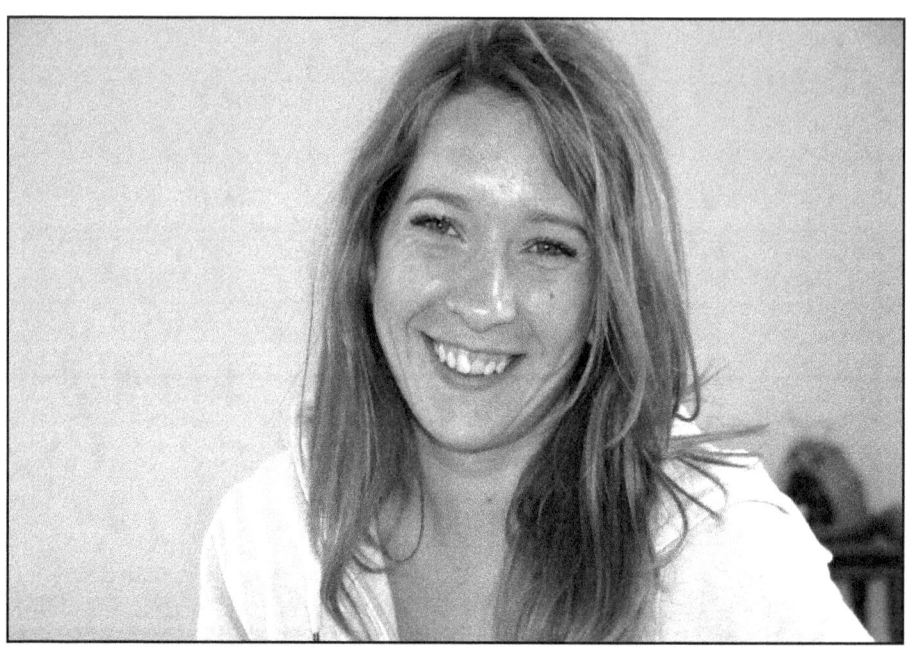

Comment poser sans poser, être naturelle sans ignorer l'objectif ? Il suffit d'afficher un grand sourire, d'accepter l'épreuve et de jouer en toute confiance.

Mes oiseaux-lyres

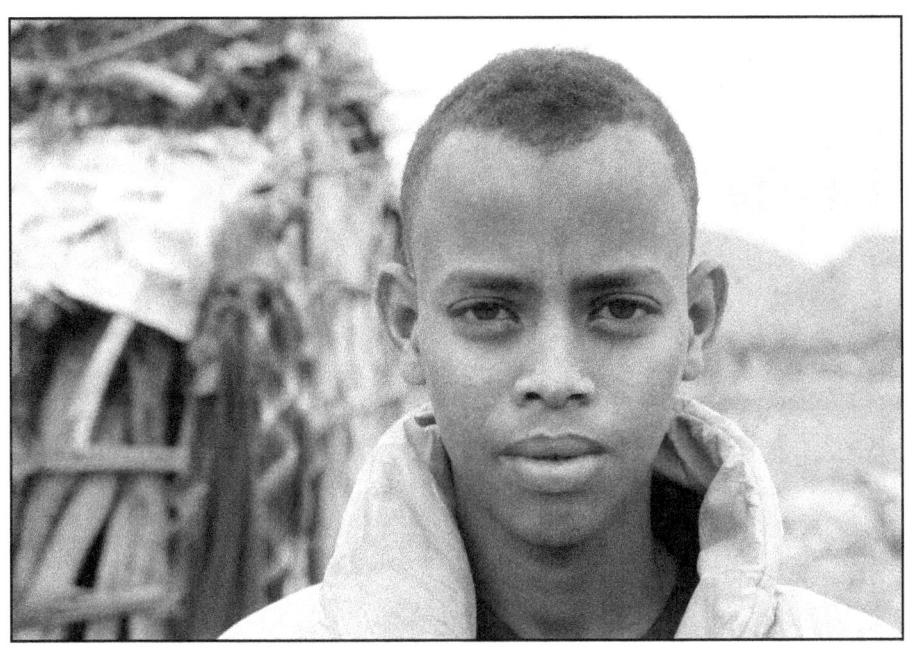

Il était malade et fiévreux depuis 3 jours quand nous l'avons rencontré. Démuni, isolé, il attendait la guérison avec fatalisme. Heureusement, nous avions du paracétamol…

Mes oiseaux-lyres

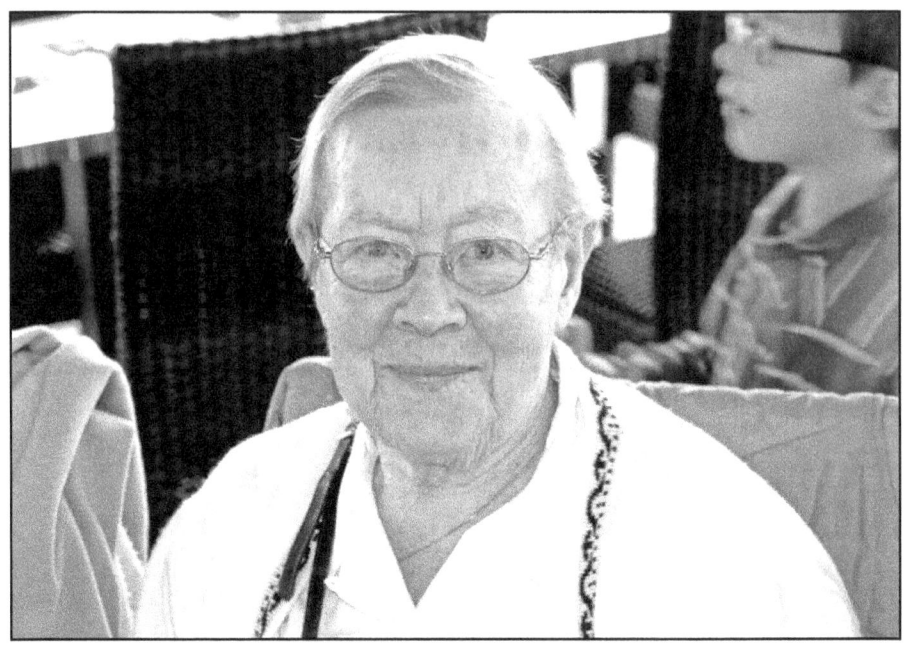

A 92 ans, elle porte toujours un regard intrigué sur l'évolution du monde. Ce qui ne l'empêche pas d'essayer tout ce qui lui paraît nouveau et à sa portée...

Mes oiseaux-lyres

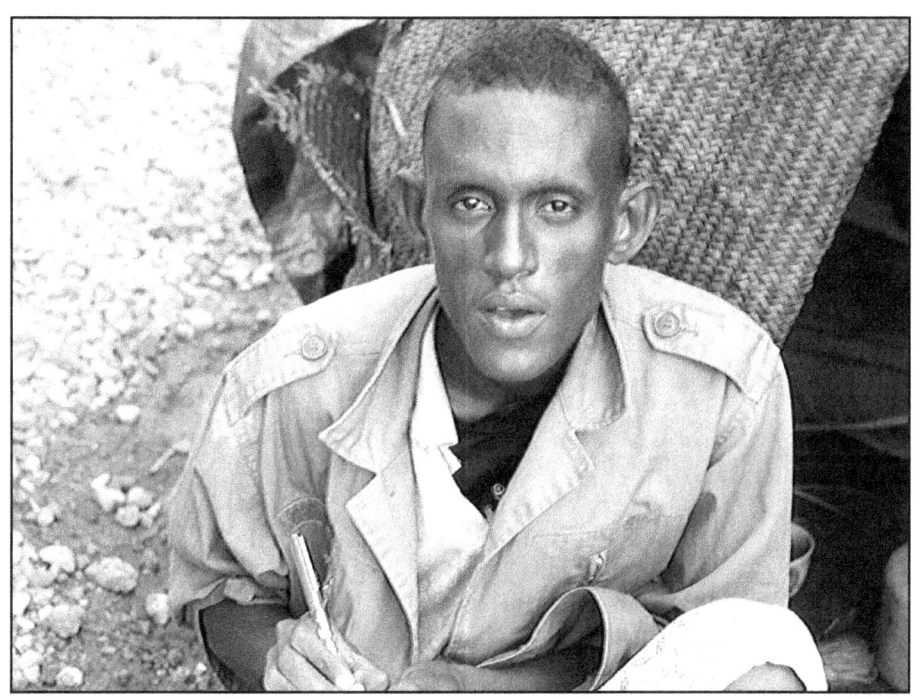

Nous avons pu apprécier le sérieux et le courage de ce garçon. C'est une aubaine pour lui et toute sa famille de pouvoir s'occuper de la santé de tous.

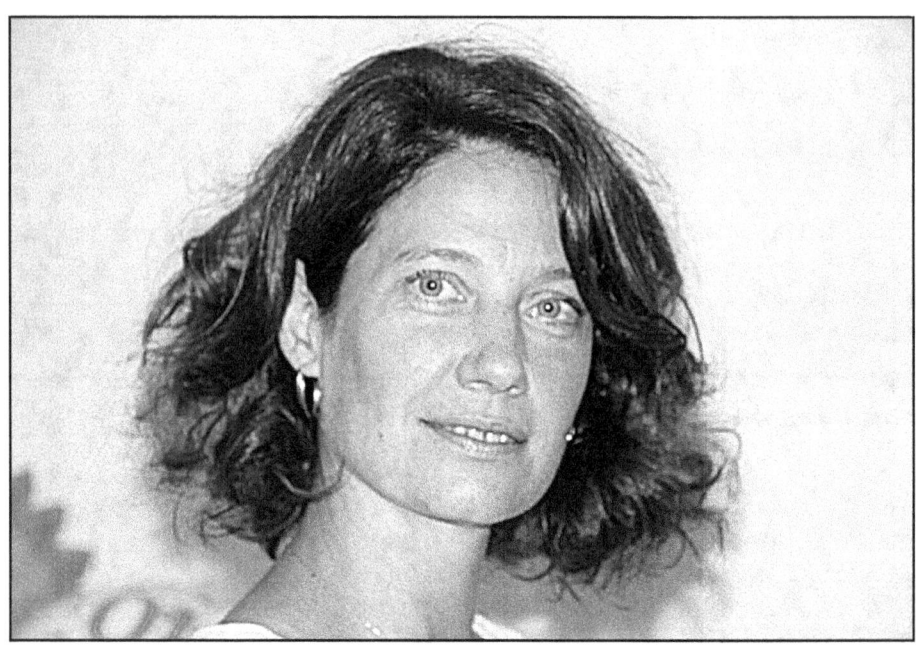

Belle énergie dans cette douce envolée capillaire ! Le regard, les lèvres et le port de tête racontent une jolie maîtrise d'un charme évident.

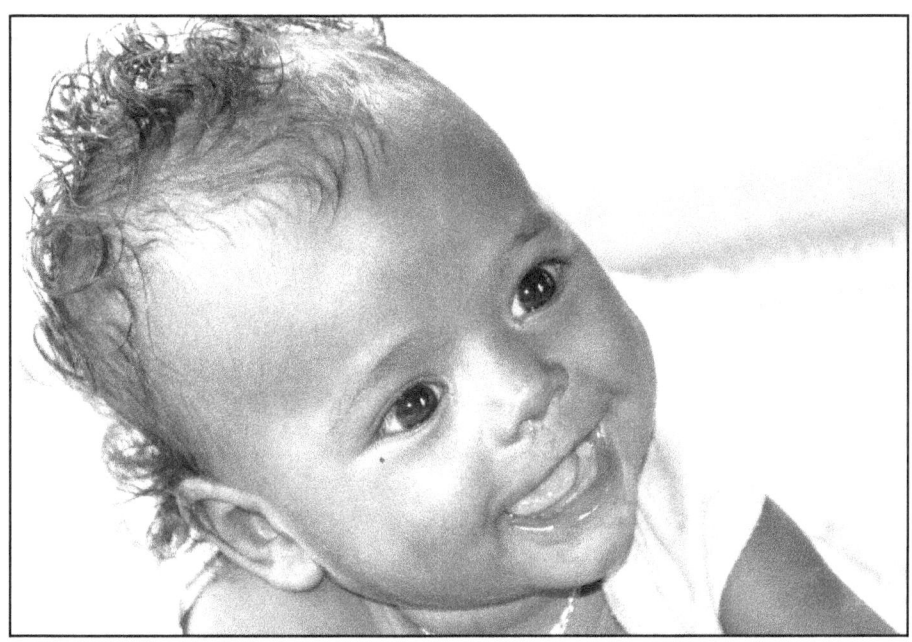

Des parents dans la précarité souhaitent créer un lien entre leurs enfants et des personnes plus fortunées. Ici, un marrainage inattendu nous a été proposé et semble faire le bonheur de cette petite fille.

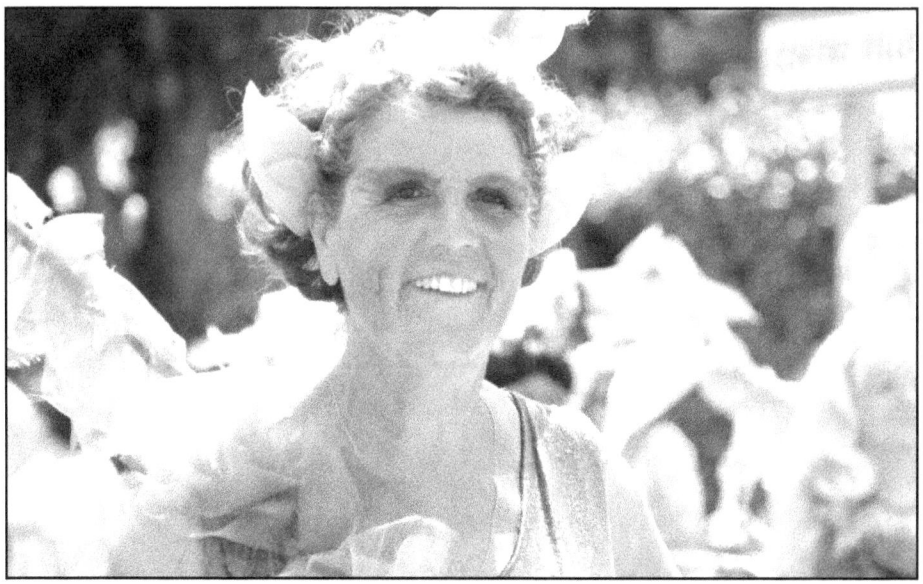

Lors du défilé de la fête, chaque année, nos voisins se costument selon le thème choisi et passent devant des milliers de spectateurs.

Mes oiseaux-lyres

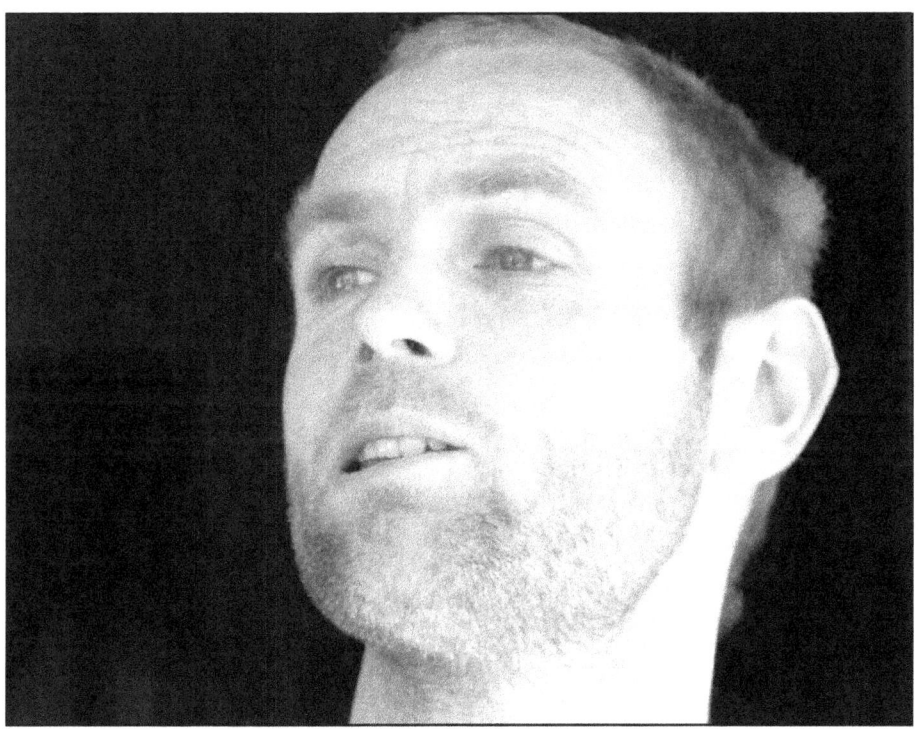

Cette contre-plongée oblique donne au visage une autorité et une force intéressantes. Et la barbe de trois jours apporte un petit un air de liberté.

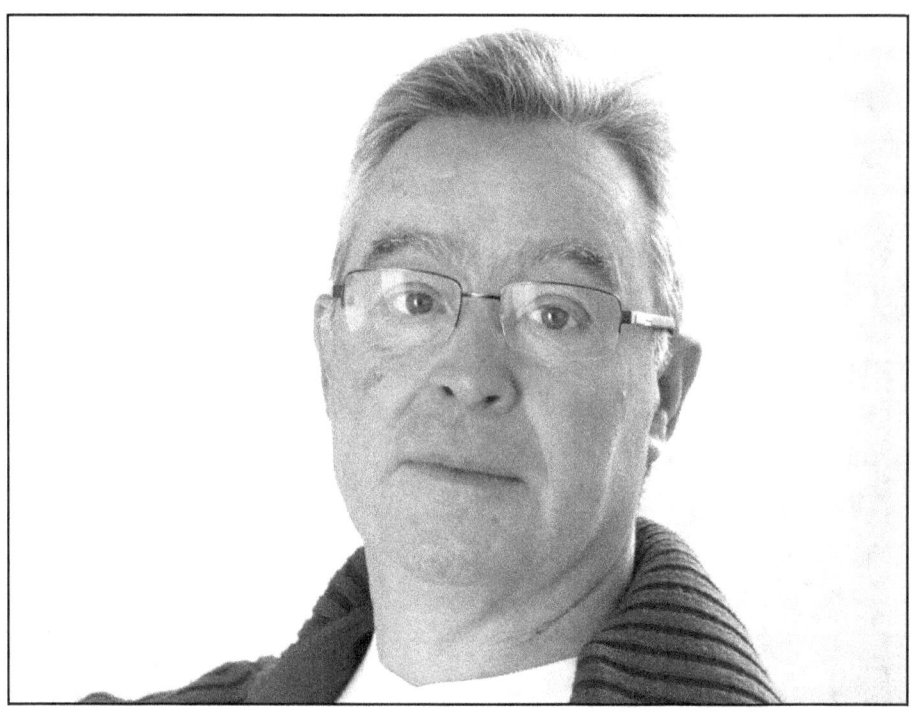

Certains regards cherchent à séduire, d'autres à échanger et d'autres encore à comprendre. C'est vrai que l'œil est l'un des meilleurs media.

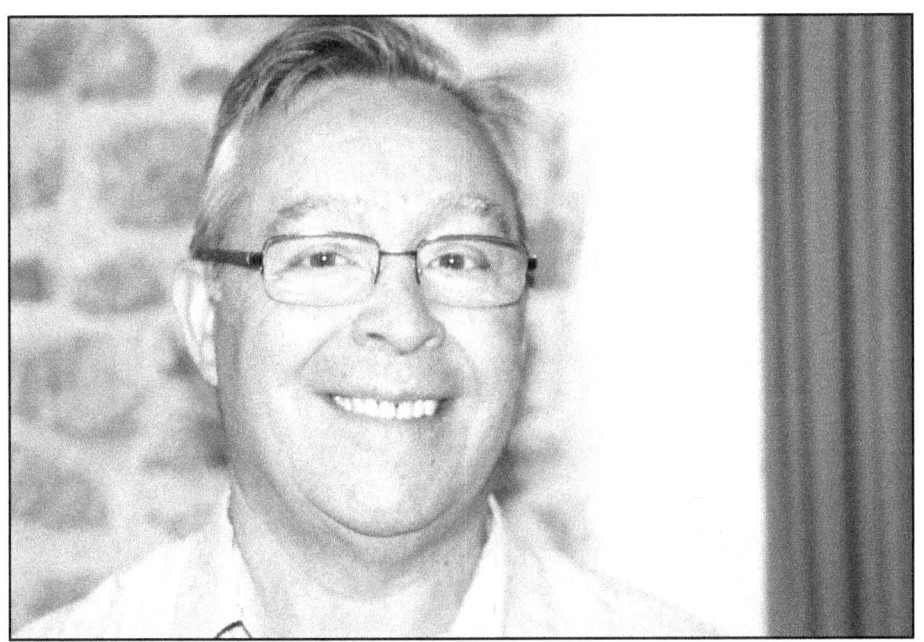

– Et là ? La pose, elle est bonne ? dit-il au photographe...
– Comme tu veux ! c'est moi qui ferai le résultat ! Le modèle et le spectateur ne sont que des témoins.

Mes oiseaux-lyres

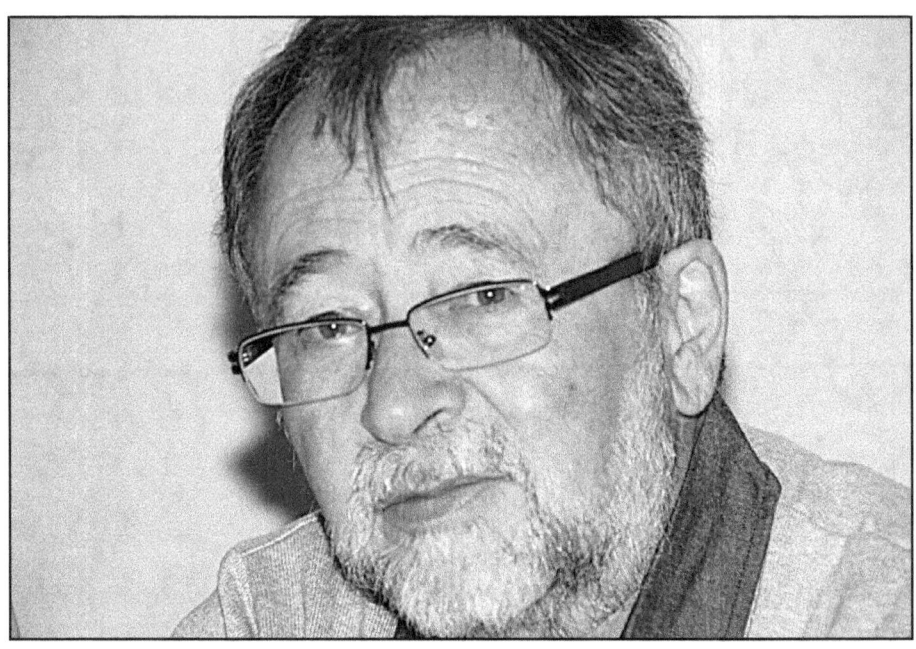

A quoi peut bien servir une photo ? C'est la question de tous les photographes. Ils connaissent les réponses, mais se la posent quand même lorsqu'ils sont photographiés...

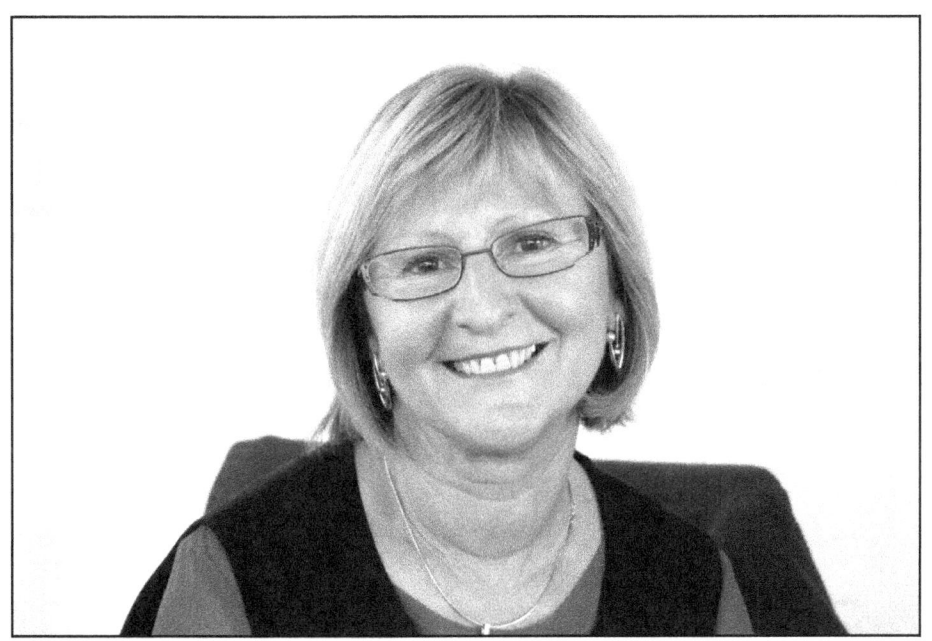

Doux regard complice. Et dans cette douceur, on devine la force des émotions et la puissance de la volonté qui peuvent paraître antagonistes, mais qui sont ici bien complémentaires.

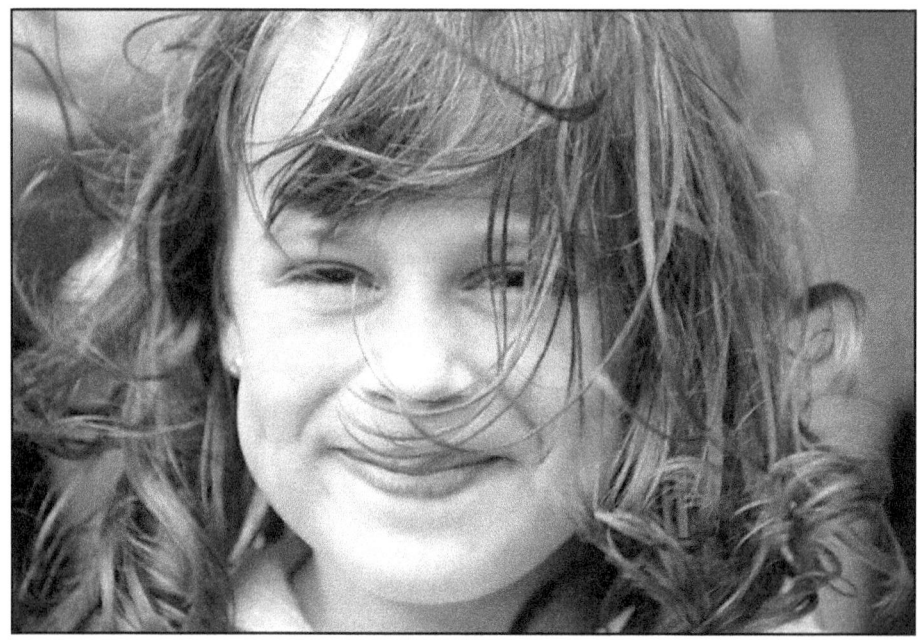

Le mouvement, la coiffure, le maquillage, sont-ils des perturbateurs du portrait ? Ou bien ont-ils leur utilité dans la démonstration de l'individu ?

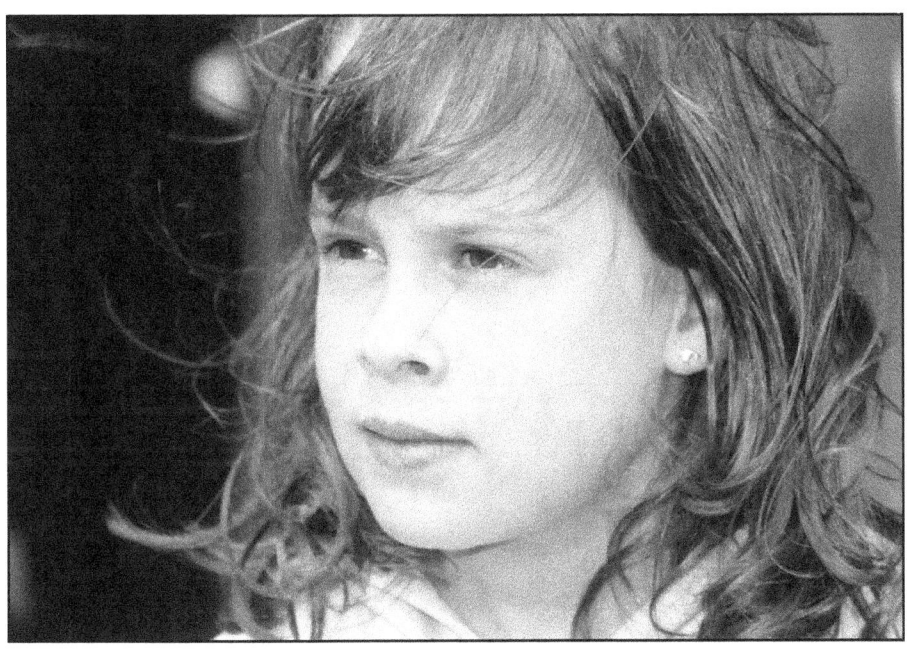

La photo est une intrusion : les enfants y répondent souvent par des grimaces. Et quand le vent s'en mêle, il faut un déclic rapide pour prendre un cliché qui sera finalement accepté par le modèle lui-même.

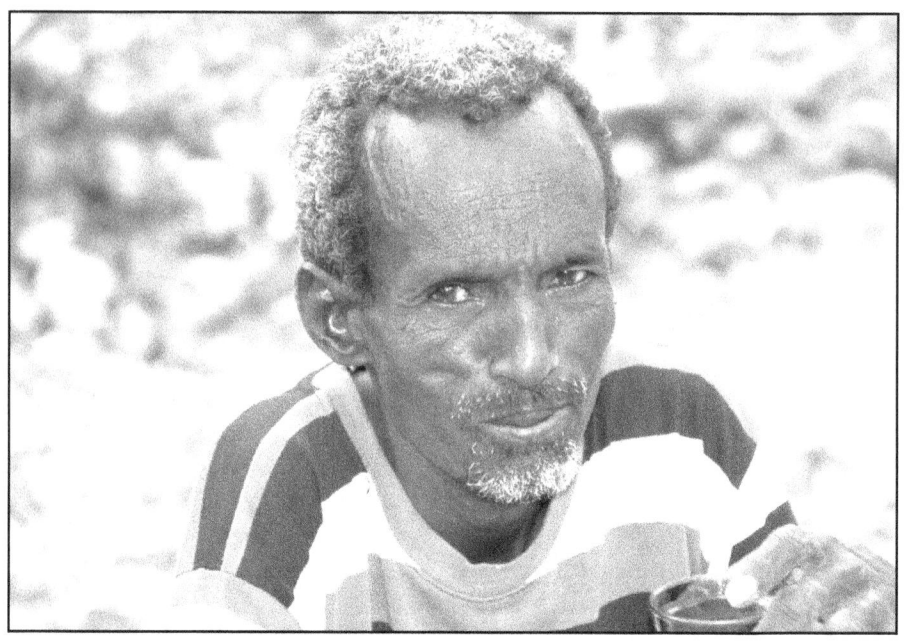

Il ne me parlait jamais, mais il savait que j'avais du respect pour lui. Il travaillait toujours en silence et me regardait avec prudence... Il conduisait son dromadaire et ses chèvres doucement, avec fermeté.

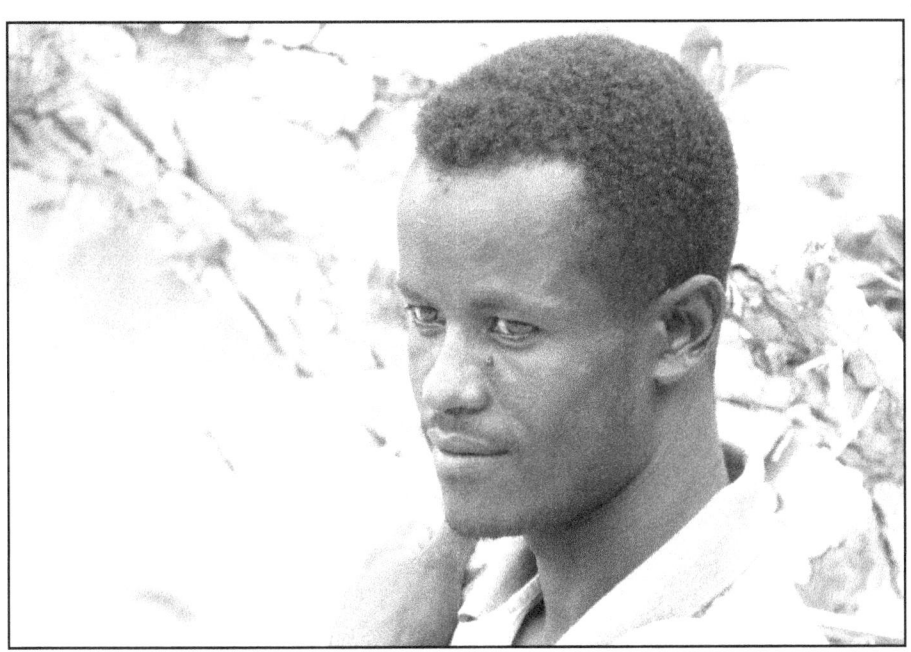

Oromo d'origine, ce garçon nous a surpris par sa puissance de travail, sa force physique et son moral à toute épreuve. Et par la douceur de ses attitudes.

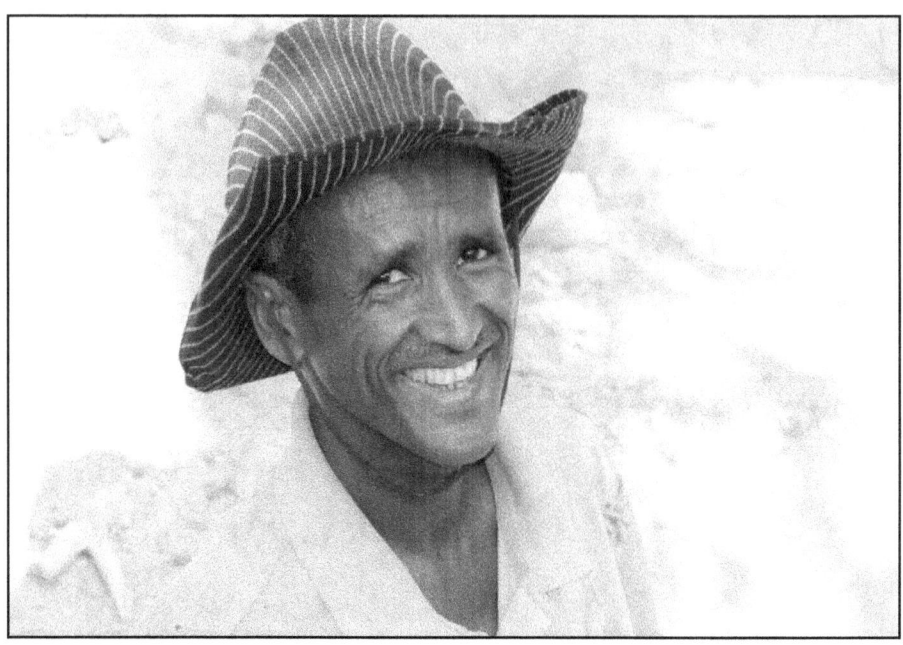

Il nous accueille depuis 5 ans dans son enclos. Il porte un sourire généreux et ouvert. Silencieusement, presque timidement, il veut le bonheur de tous ceux qu'il rencontre.

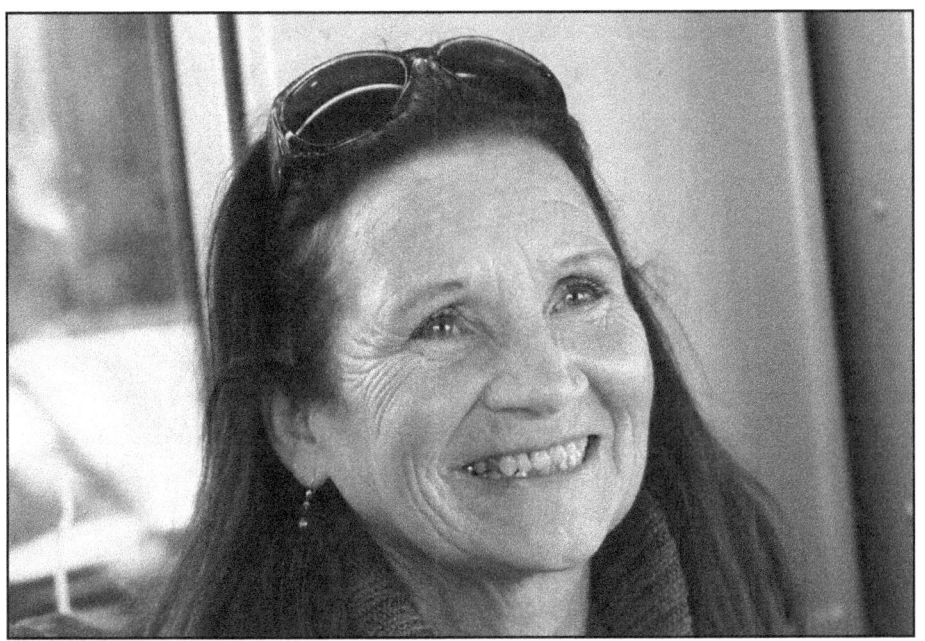

Elle prend les événements avec délicatesse, elle goûte aux douces joies et les savoure calmement.

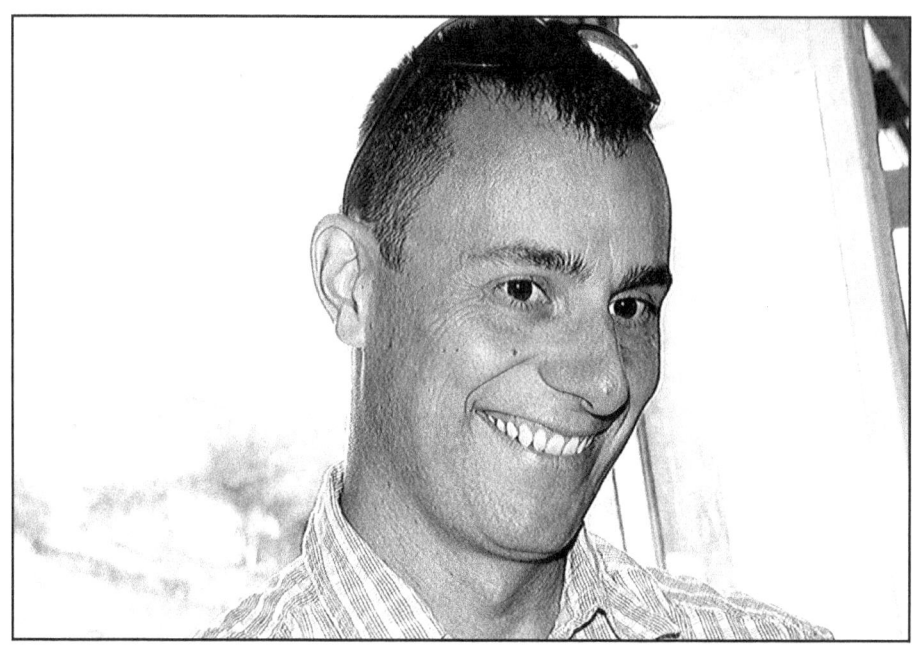

Il voit avec les yeux du cœur à travers le prisme de l'humour. Il rit, il plaisante, il taquine... Jouer permet aussi d'avancer.

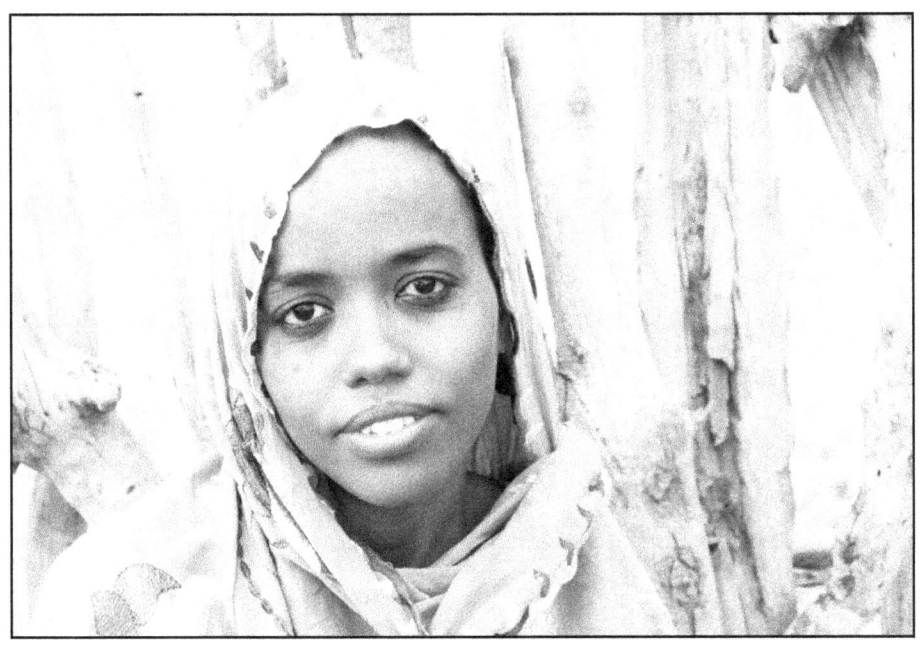

Pour ces filles du Soleil, l'Européen représente un monde qu'elles surestiment. La photo est un appel, une attente, mais la jeune femme reste fière et indépendante. Elle garde ses prières secrètes.

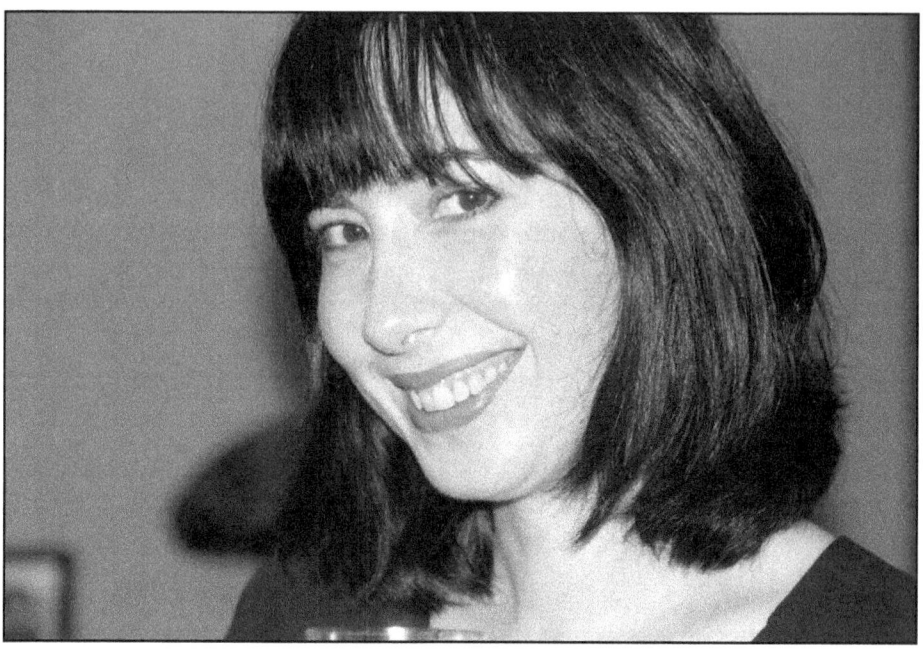

Généreux sourire de complicité : la photo est la pose d'un instant sur des sensibilités qui se survolent.

Mes oiseaux-lyres

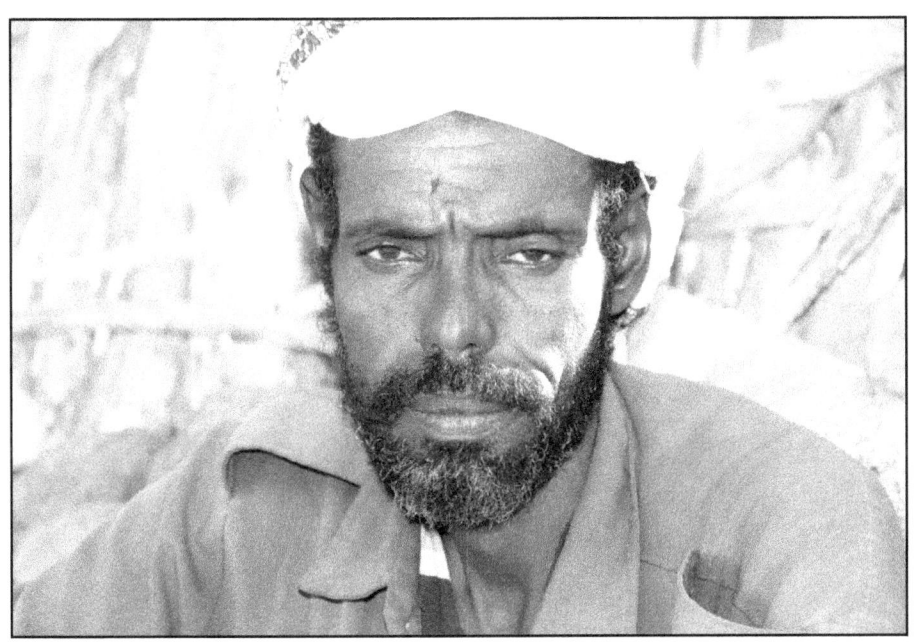

Il passait, le nomade grave et silencieux. Je lui ai acheté un petit couteau de sa fabrication pour pouvoir discuter avec lui et lui demander si je pouvais le prendre en photo tellement son visage me paraissait magnifique et particulier.

Mes oiseaux-lyres

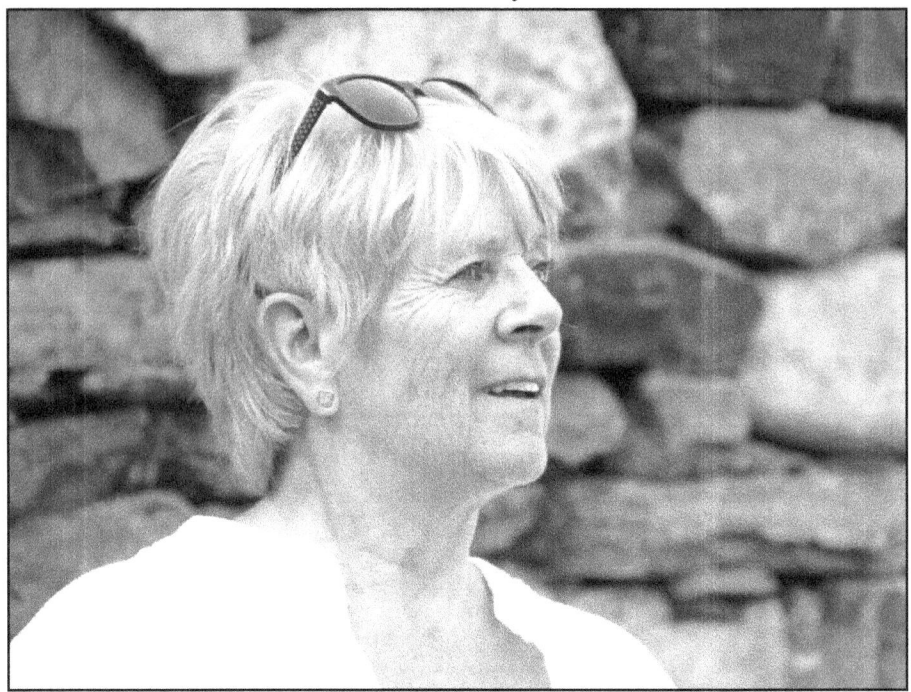

J'aime la courbe des ombres et des rides qui ondulent en harmonie. Elles montrent la sérénité d'un visage. La découverte dans la joie.

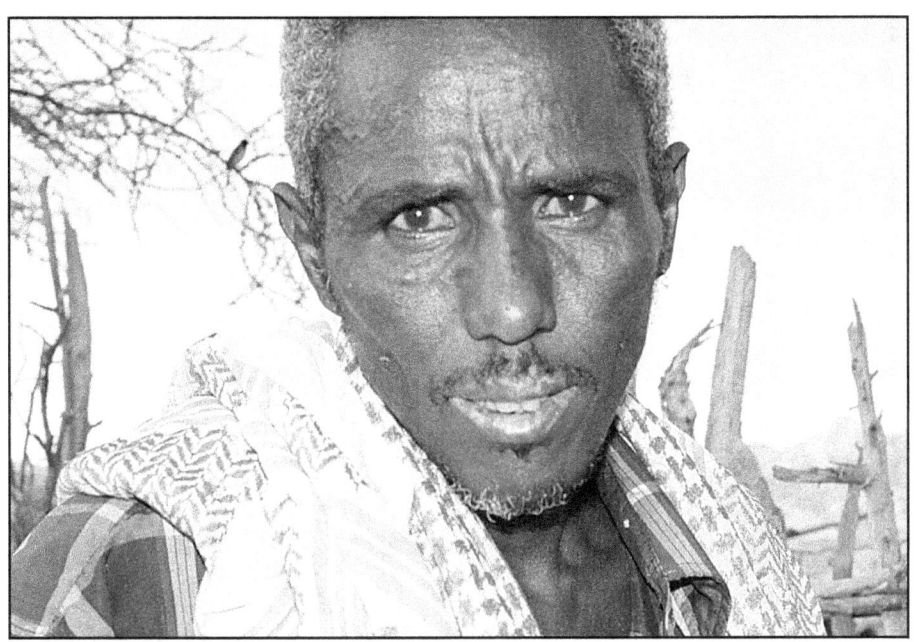

Les rapports avec le monde occidental sont difficiles pour ces hommes qui vivent encore en nomades. « Pourquoi devrions-nous vivre autrement ? » nous disent-ils.

Mes oiseaux-lyres

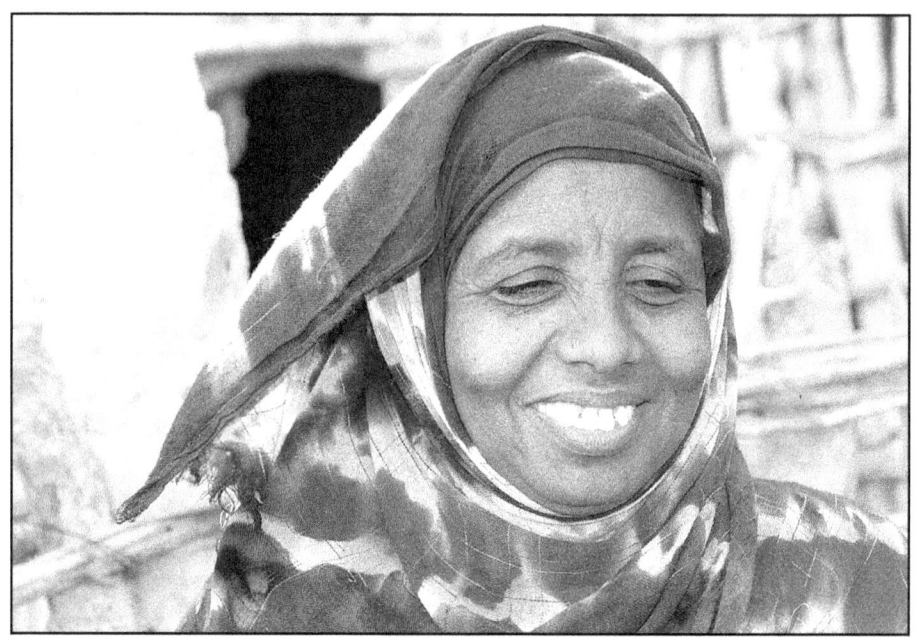

Quand on est mariée à 15 ans, on peut être grand-mère à 30 ans... Cette « yaya » affiche beaucoup de sérénité dans le petit village où elle est respectée.

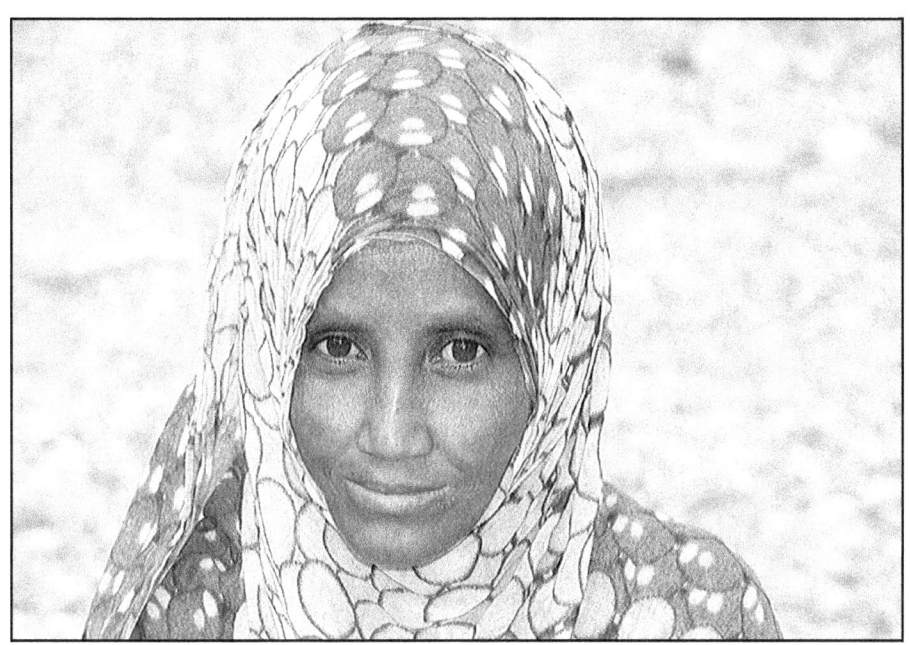

Comment lutter quand personne n'en donne les moyens ? Démunie, cette femme est à bout de forces malgré tout ce que nous avons organisé pour elle.

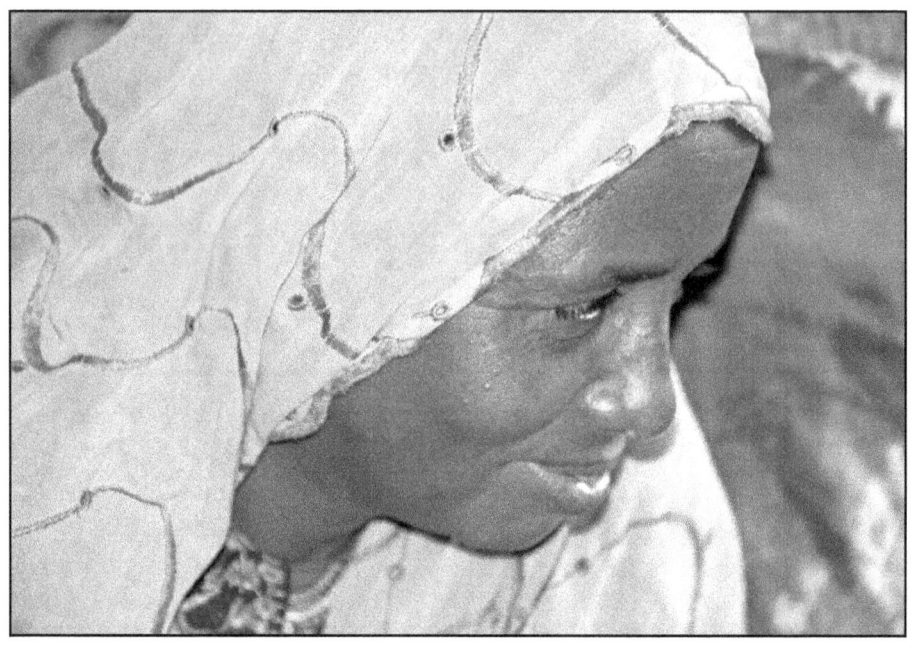

Que de tendresse dans ce regard porté au petit enfant qui sommeille ! Quelle joie de le savoir en paix !

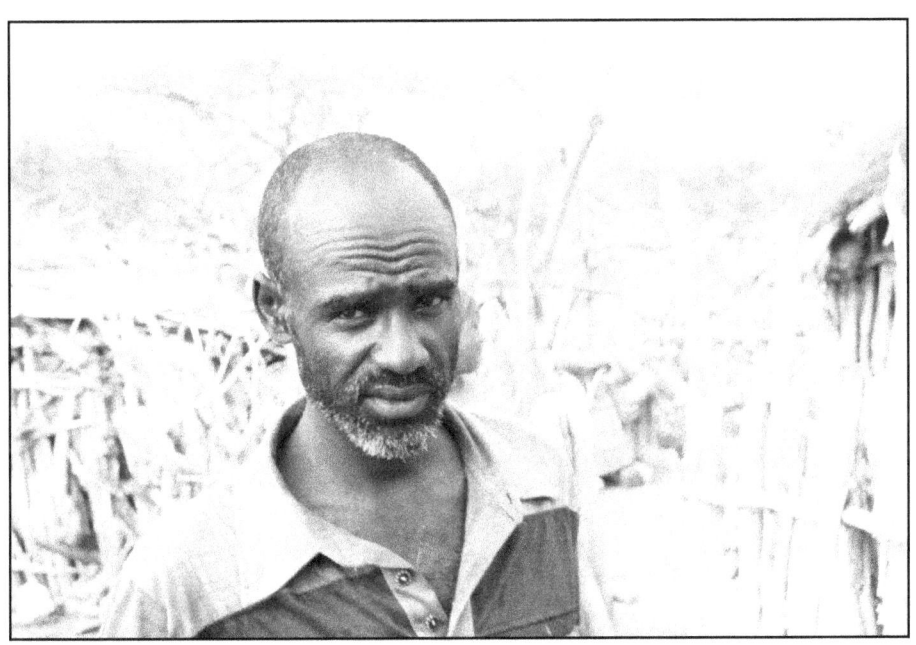

Il avait fui la misère pour trouver du travail dans le pays voisin. Un euro par jour, c'était la fortune pour lui. Mais dans l'illégalité, il craignait le pire à chaque instant. Le photographe pouvait être un danger !

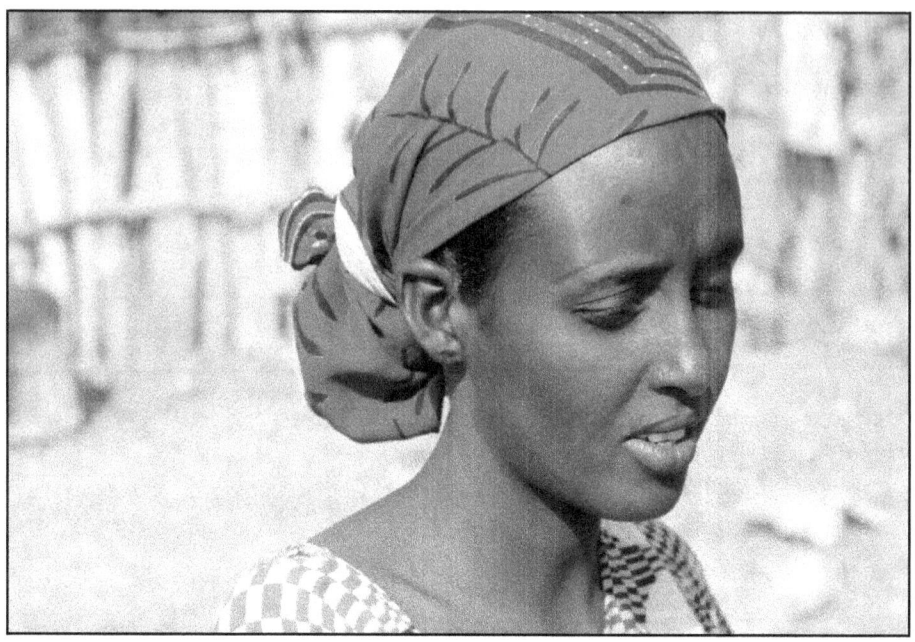

Comme chez toutes les femmes responsables, tout l'inquiète... Les pleurs du bébé, le souffle du père souffrant, la difficulté d'imaginer l'avenir et toutes les charges quotidiennes pèsent lourd sur son visage.

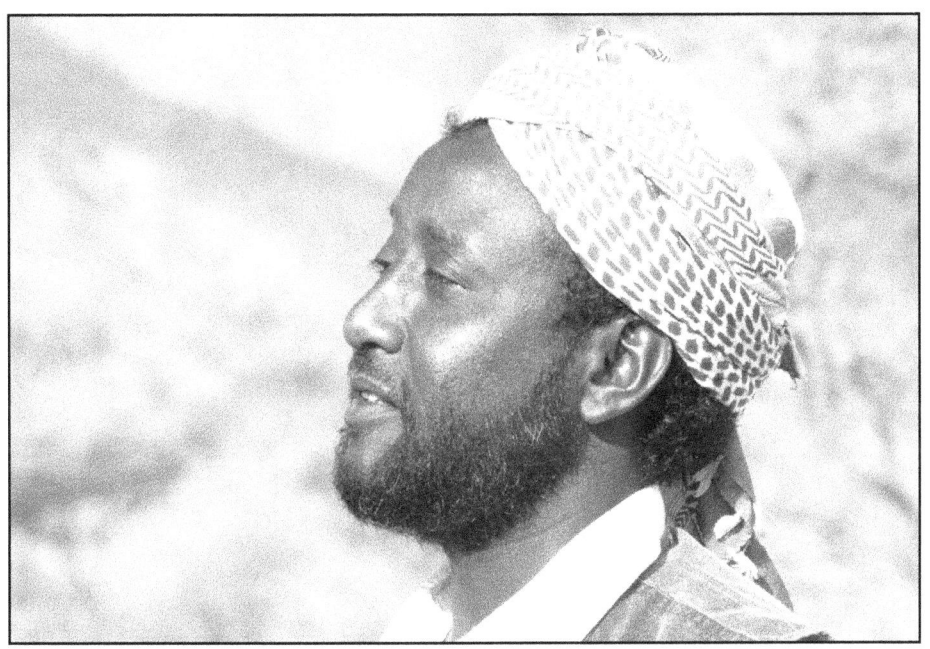

Il avait fière allure ce pèlerin qui passait de mosquée en mosquée. Il portait le verbe haut et la pensée profonde.

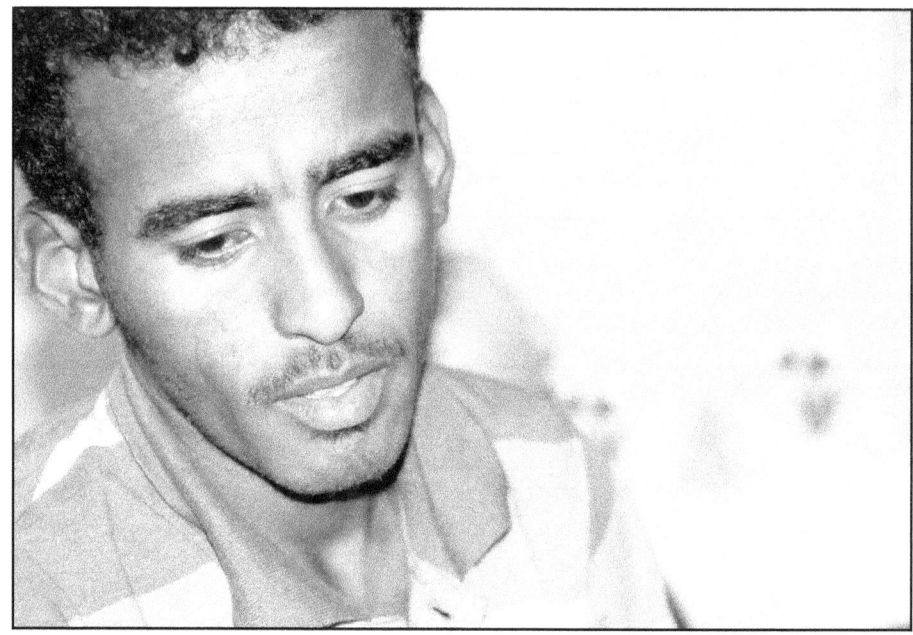

Pendant une saison, il est venu à l'école des adultes. Ses progrès furent très rapides. En quelques semaines, il pouvait décliner son identité par écrit et utiliser le clavier de son téléphone...

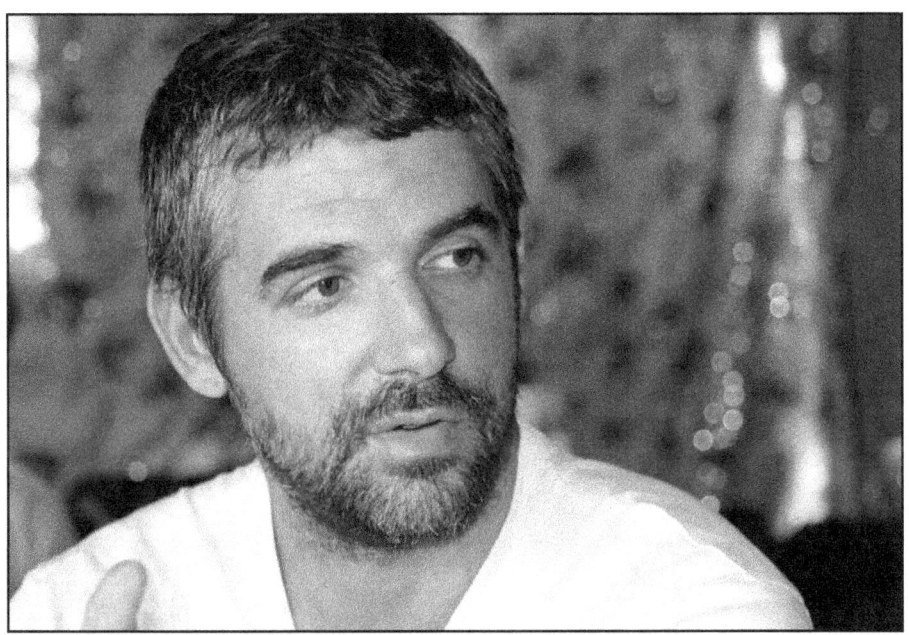

Maestria, c'est le mot qui le définit le mieux. Son travail, ses passions, ses activités artistiques et culturelles donnent à ce visage un élan communicatif, une grande intensité des rapports humains.

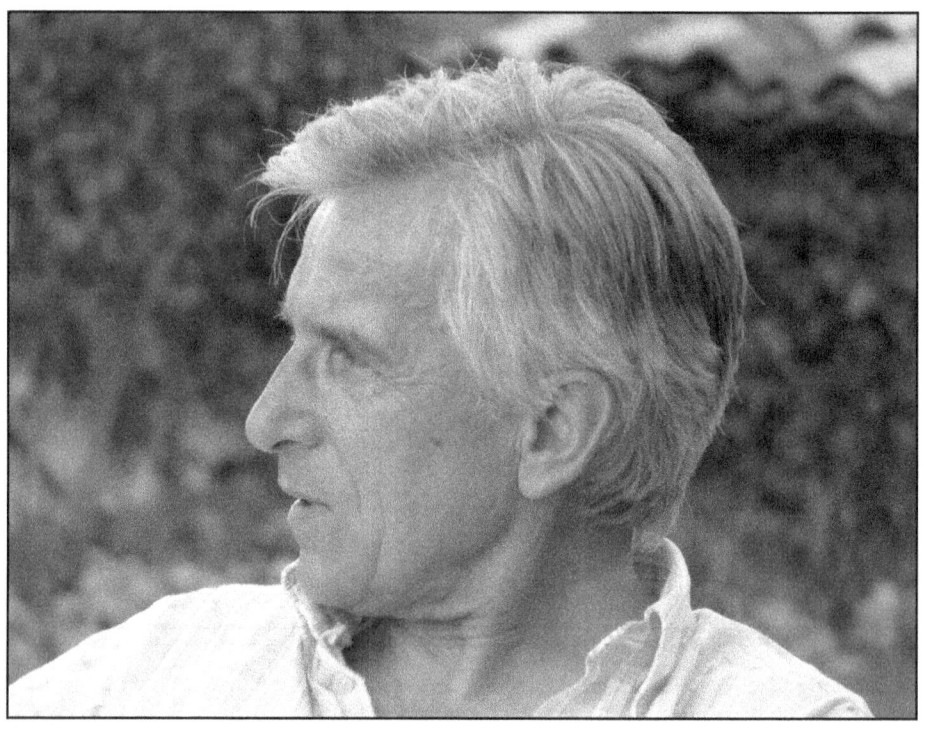

Ce puissant regard cherche les raisons d'aimer, d'approfondir, de goûter tout ce qui peut enrichir notre intelligence. J'aime ce beau mélange de passion et de réflexion.

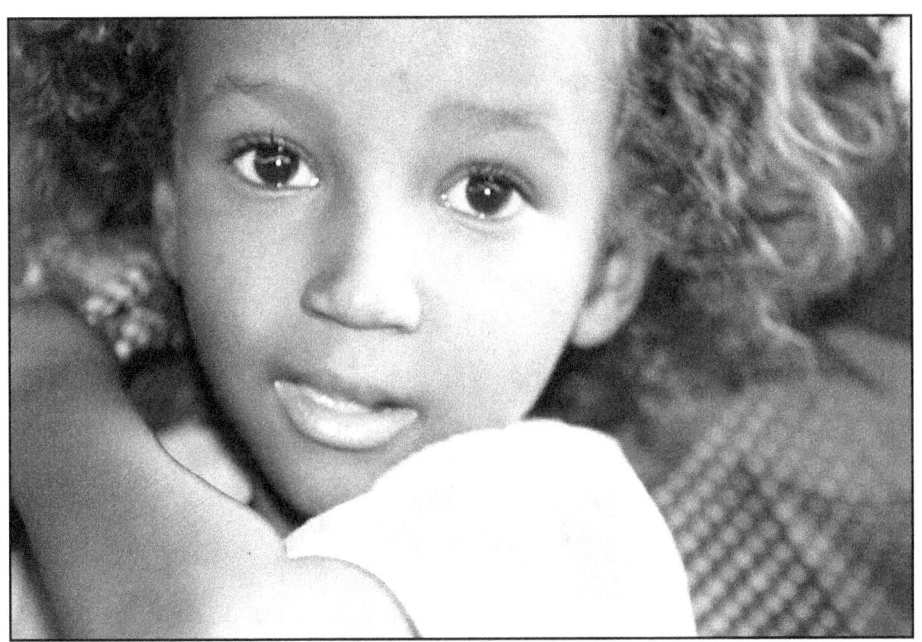

Vive et fuyante, elle regarde avec envie tout ce qui se passe autour d'elle. Elle voudrait plonger dans le mouvement, mais elle se retient, se méfie et s'envole ailleurs.

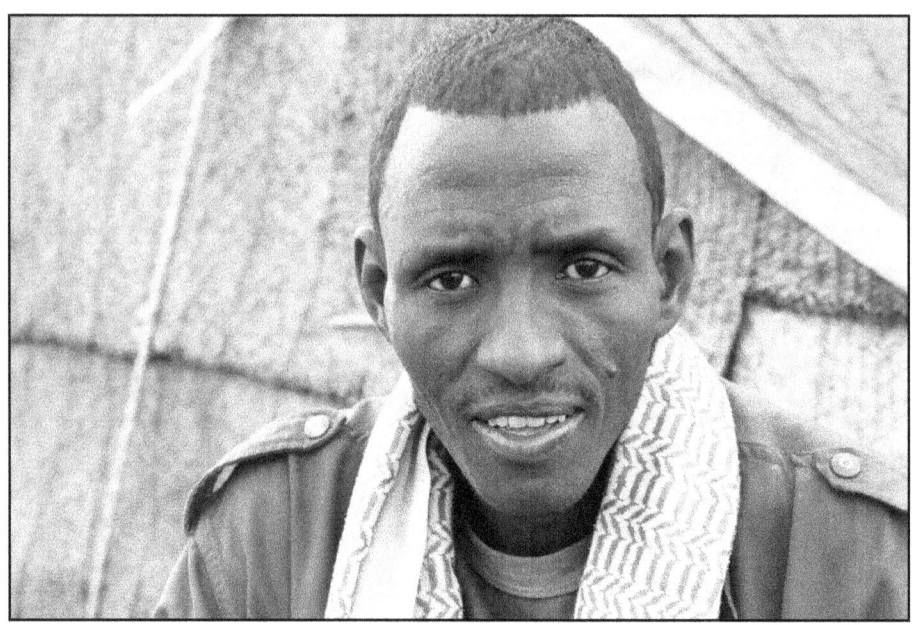

Il y a une naturelle méfiance face au photographe tant que les mots d'accueil n'ont pas été échangés. Après quelques explications, le sourire reviendra.

Mes oiseaux-lyres

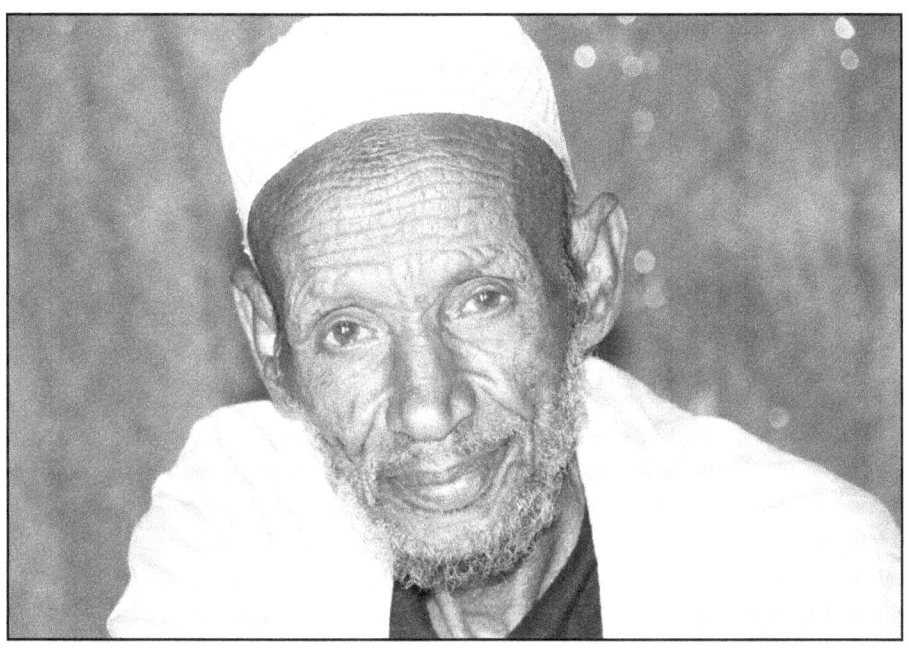

Il est fier, ce puisatier. Il croyait en son puits. Il a creusé avec une pioche, un marteau et un burin, seul, pendant plusieurs mois. A 8m de profondeur, il n'y avait pas la moindre goutte d'eau. Ses rêves engloutis, il a renoncé...

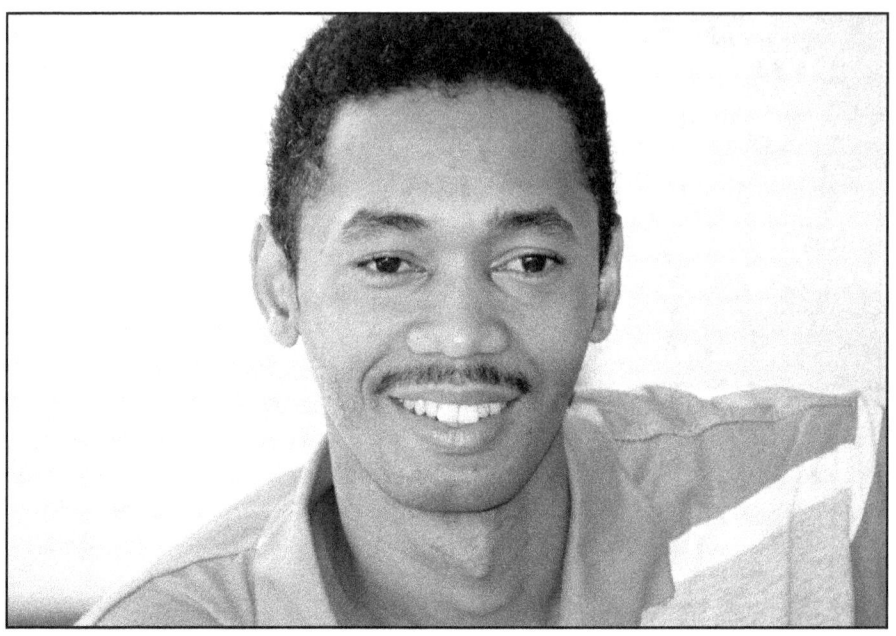

Calme, discret et doux. La photo raconte un personnage effacé, à la limite de la timidité, qui souhaite pourtant profiter des moments heureux.

Mes oiseaux-lyres

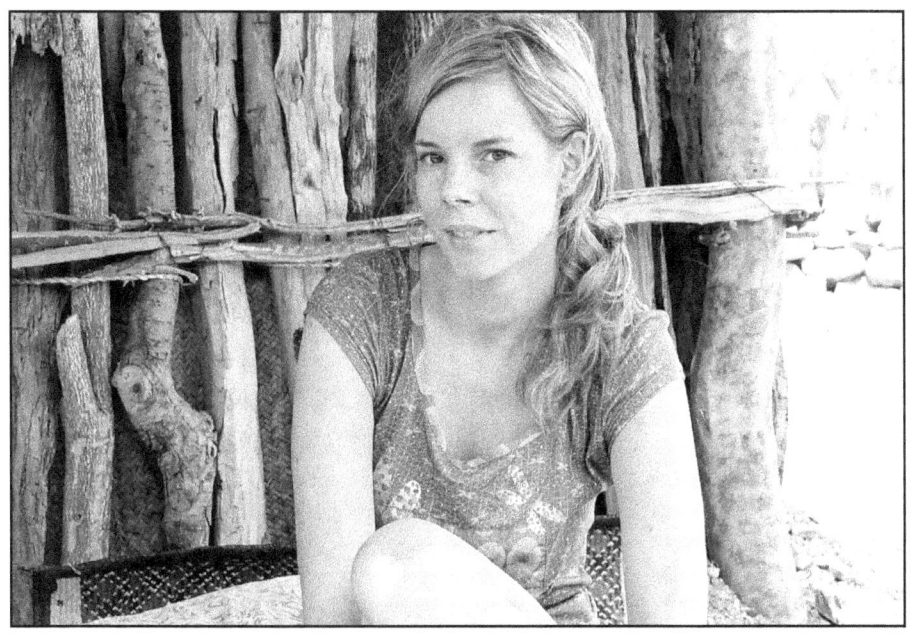

Elle s'est arrêtée, toute jolie, au village. Les femmes lui ont offert le thé et m'ont dit leur difficulté à admettre sa tenue vestimentaire. Le respect des traditions... Bien sûr ! mais comment leur faire comprendre que le corps est beau et que le montrer nous apprend à le respecter ?

Mes oiseaux-lyres

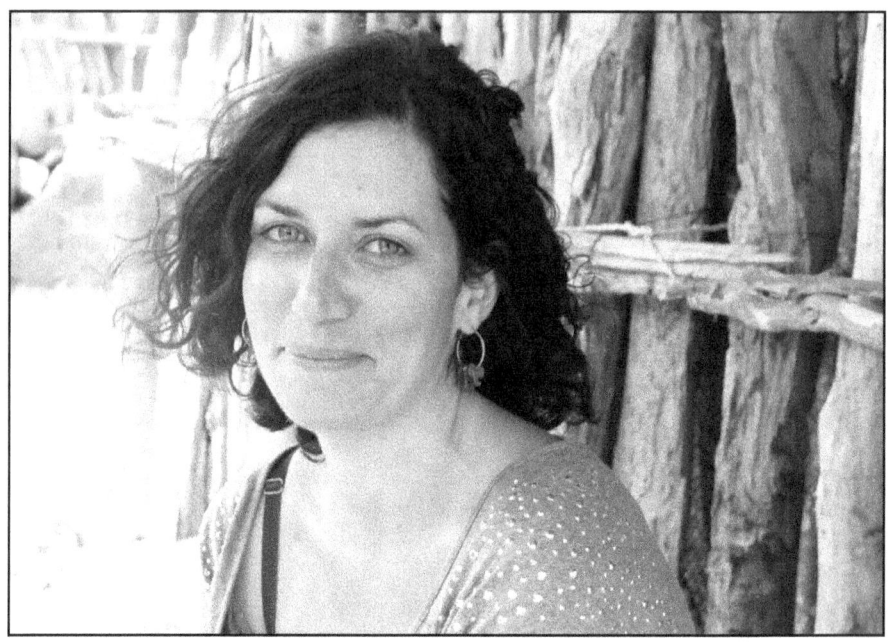

Elle s'était arrêtée au village. Elle a accepté l'objectif avec amusement, tout en sachant bien qu'elle ne se livrerait pas complètement et que le risque n'était pas grand.

Mes oiseaux-lyres

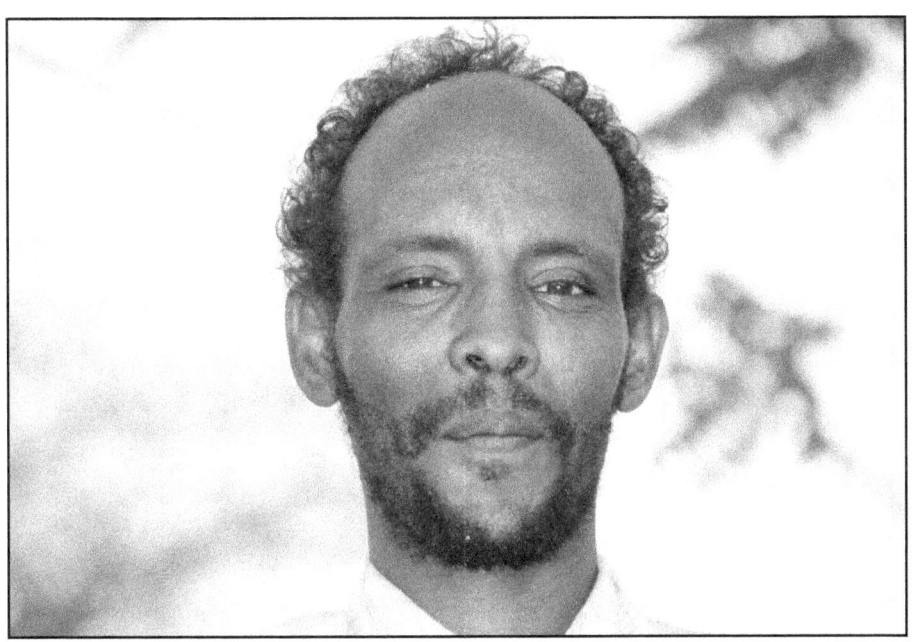

C'était un berger. Il venait à notre rencontre plusieurs fois par jour et, chaque fois, il criait un vibrant « Salam aleikoum » et partait dans un bruyant éclat de rire.

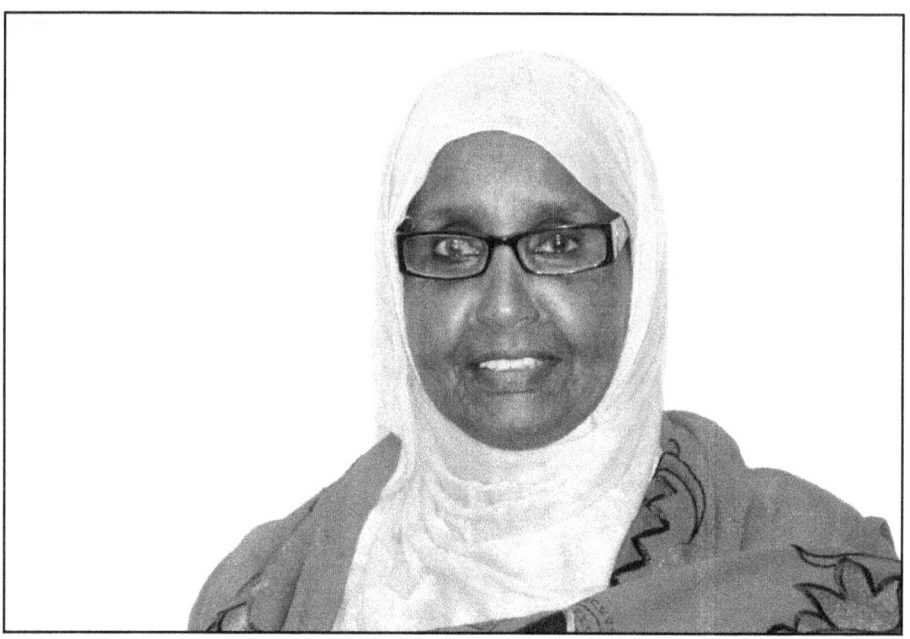

Cette maman est le lien permanent entre un pays dont elle garde toutes les racines et une Europe qui a du mal à tendre ses branches utiles.

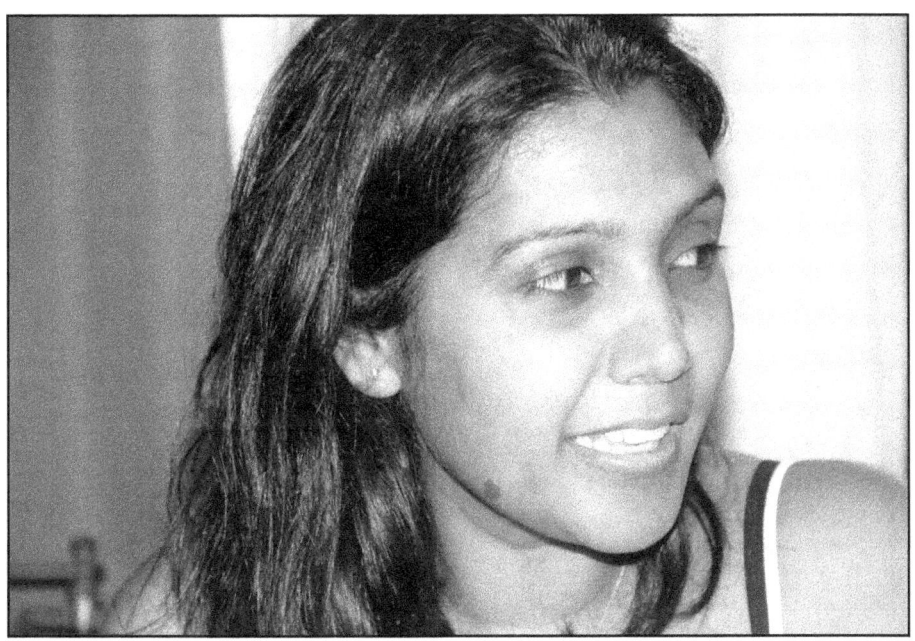

Sa peau et son cœur racontent des histoires indiennes, mauriciennes et françaises. Dans une harmonie de force et de tendresse, de courage et de défis.

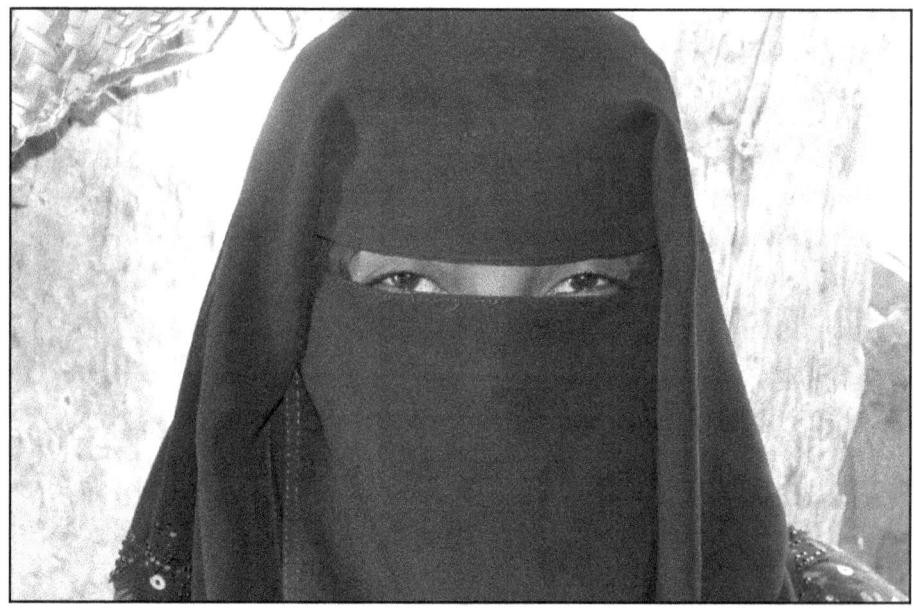

Quand nous lui apprenions à lire, elle venait à l'école avec ce voile. Et ses yeux portaient un immense sourire lorsqu'elle progressait et recevait des encouragements.

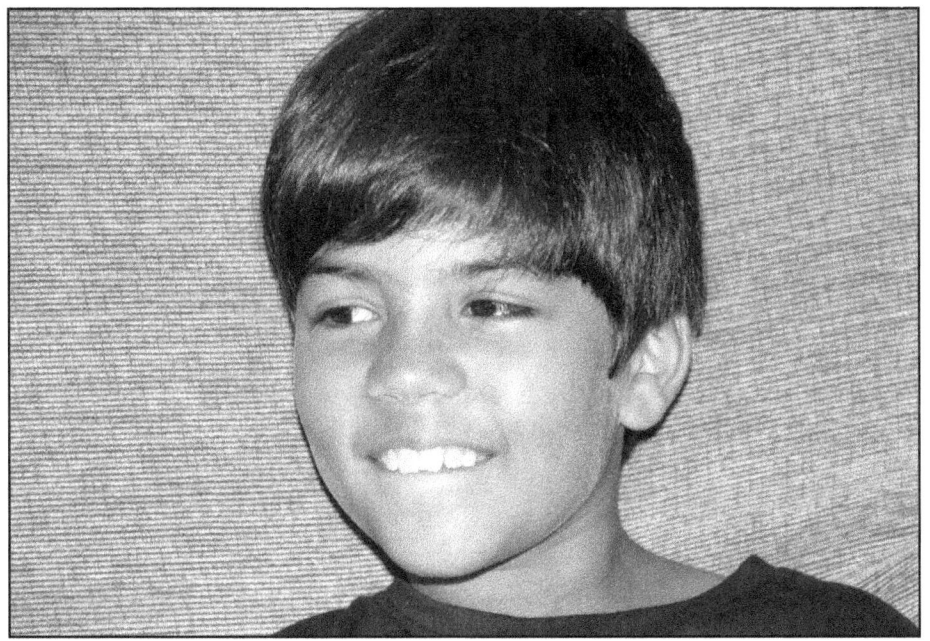

Ce sourire rassurant et terriblement charmeur cache parfaitement les angoisses et les cauchemars de cet âge.

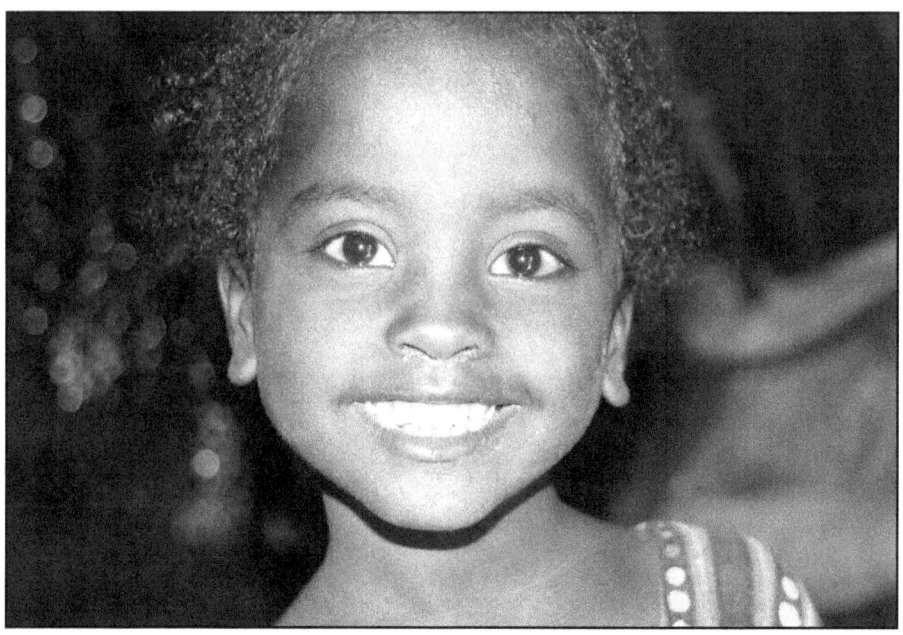

Ce large sourire est éblouissant d'assurance et de confiance. La seule idée d'être prise en photo est un bonheur pour cette petite fille. Rien de plus, rien de moins.

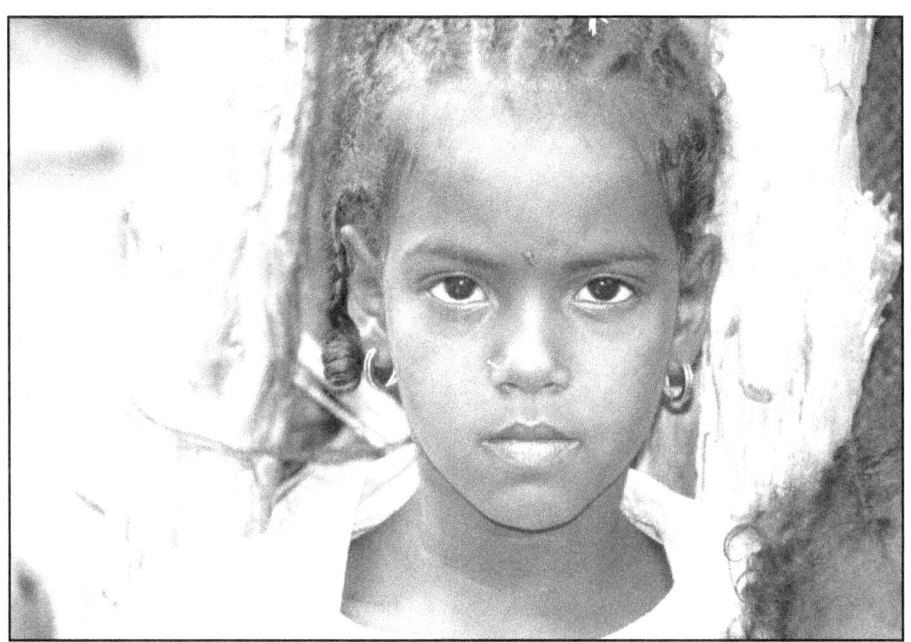

Il y a, dans ce visage fermé, toute la perplexité du modèle face au photographe. Que cherche-t-il ? Que me prendra-t-il ? Et que me donnera-t-il ?

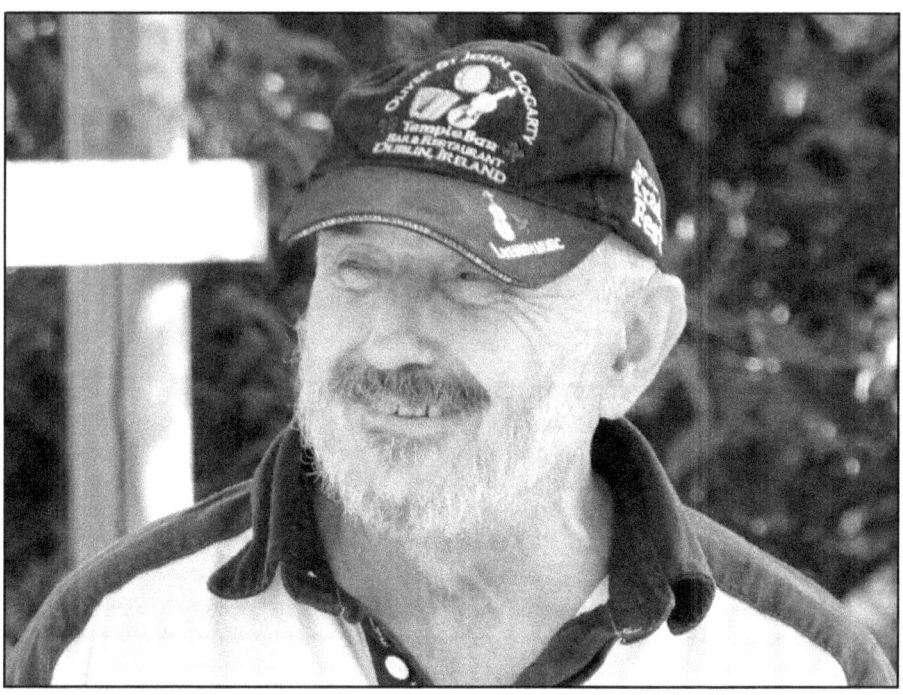

Casquette vissée, barbe hirsute, sourire critique et gouaille fleurie, le supporter ordonne sa vie et son être autour du ballon ovale.

Mes oiseaux-lyres

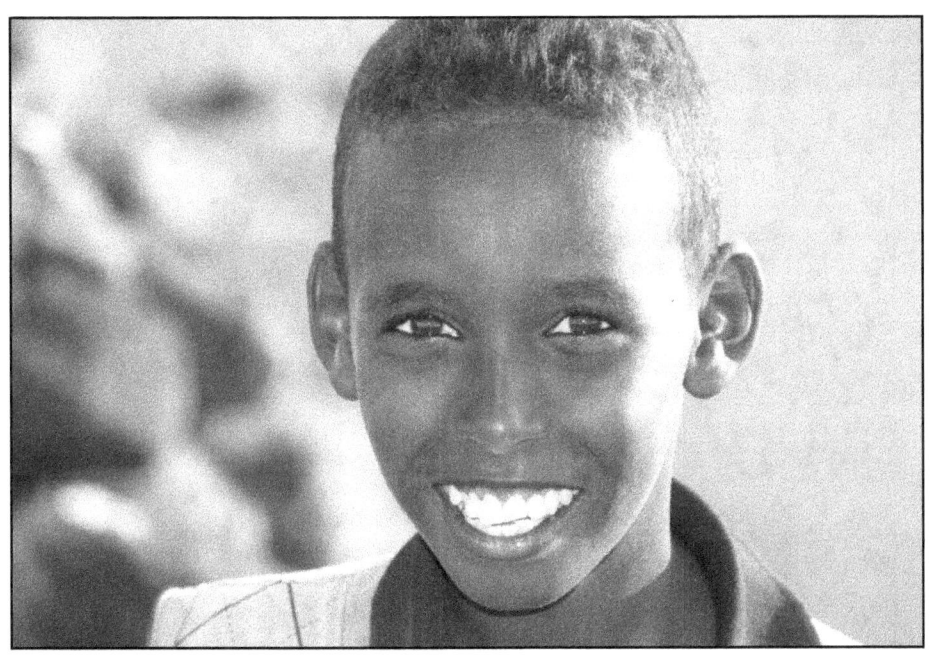

Je trouve un coin à l'ombre. Un gamin me rejoint et me demande de le prendre en photo. Il est content du résultat. Nous parlons cinq minutes. Puis il repart comme il est venu.

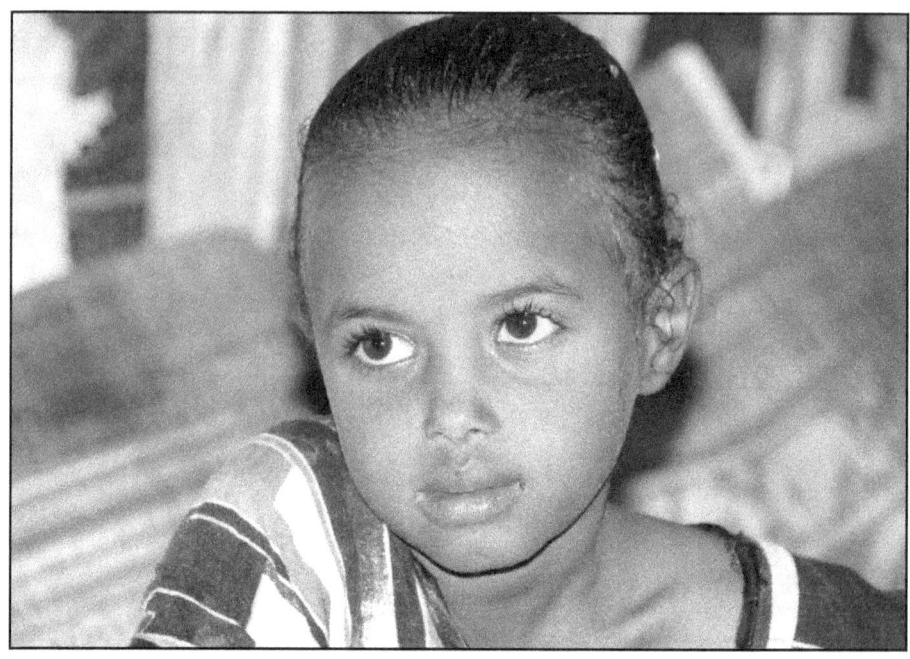

Certains enfants ne demandent rien. Ils sont dans la douceur comme cette fillette. Ils attendent tout de la famille. C'est un comportement naturel dans une culture où le culte de l'individualité n'existe pas vraiment.

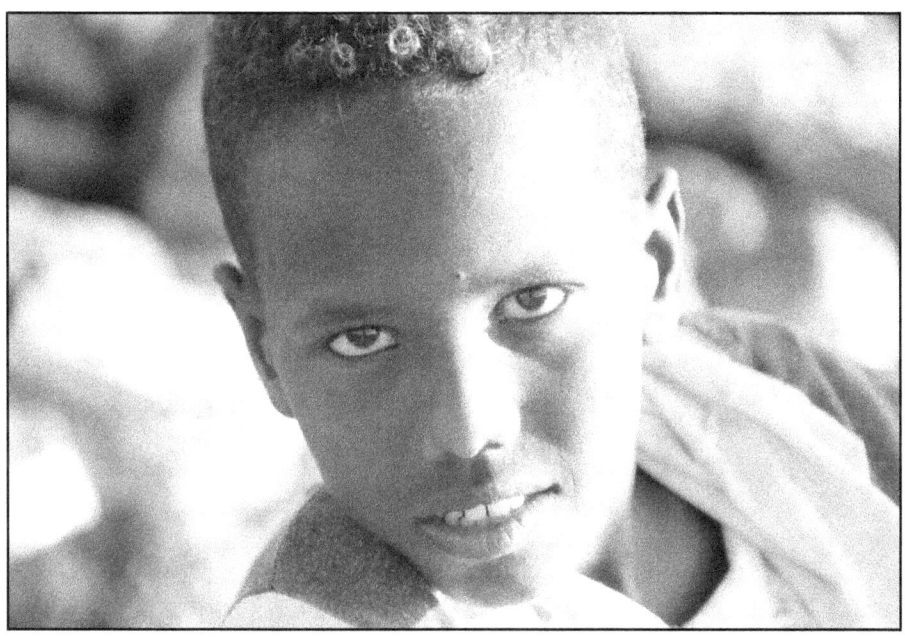

Il essayait de comprendre ce que je faisais là, pourquoi je le prenais en photo. Il m'a posé plein de questions. Je dérangeais son petit univers...

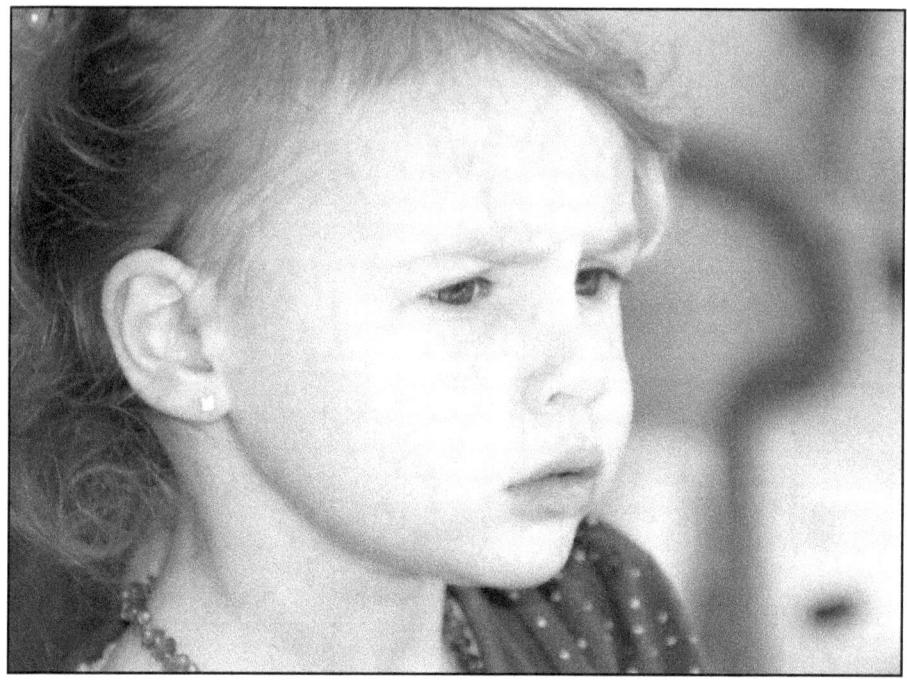

Indifférente à l'objectif, la petite fille continue ses jeux et son approche du monde. Elle absorbe tout ce qui l'intéresse et ne s'ouvre pas au cercle des adultes qu'elle ne comprend pas vraiment.

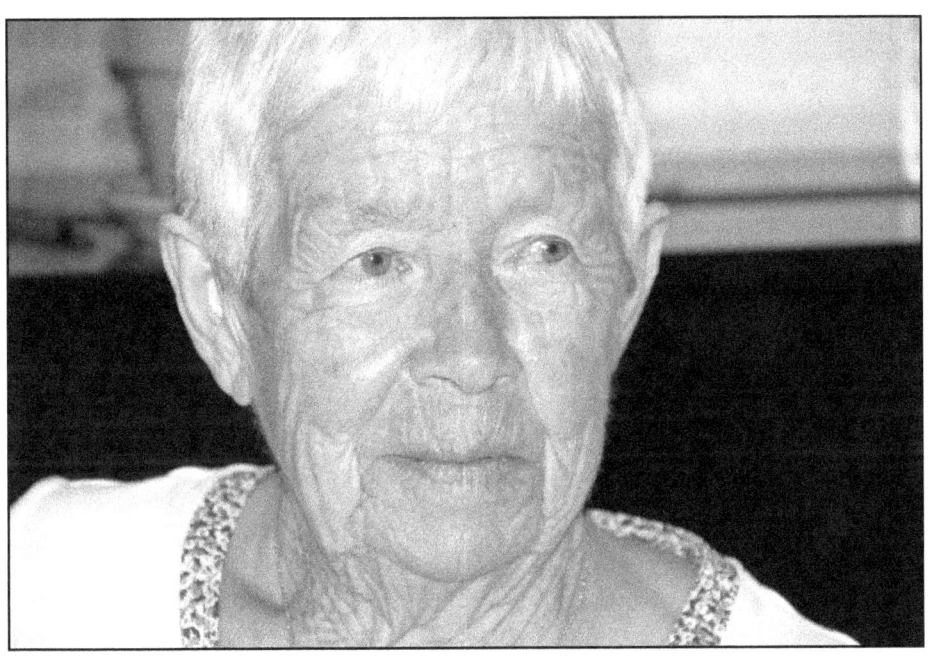

Les rides sont des ailes qui se replient peu à peu. Elles témoignent de tous les envols passés et nous parlent de repos mérité.

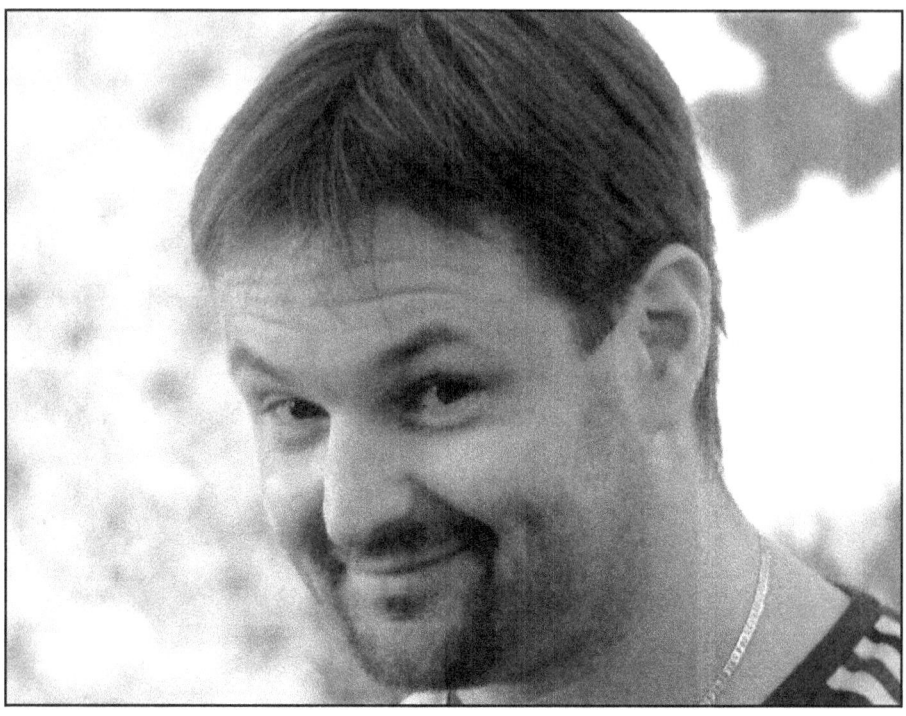

Cet air malicieux en dit beaucoup sur notre complicité et notre complémentarité. Je me reconnais un peu dans ce qu'il est et je suis fier de ce qu'il fait.

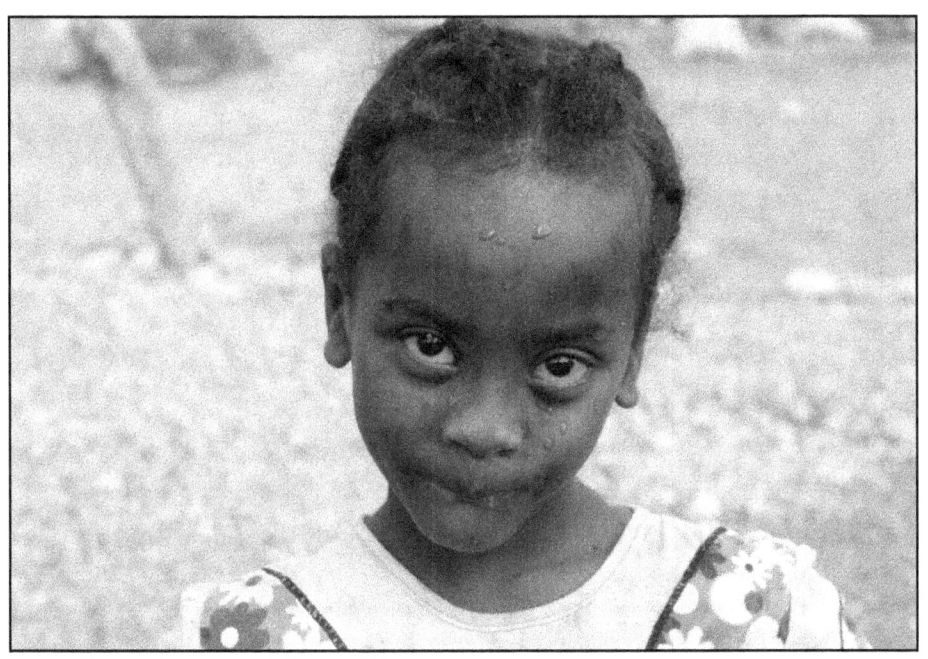

Un peu d'eau sur le visage... la toilette quotidienne est terminée. La poussière omniprésente ne pourra même pas s'effacer complètement du visage de cette enfant.

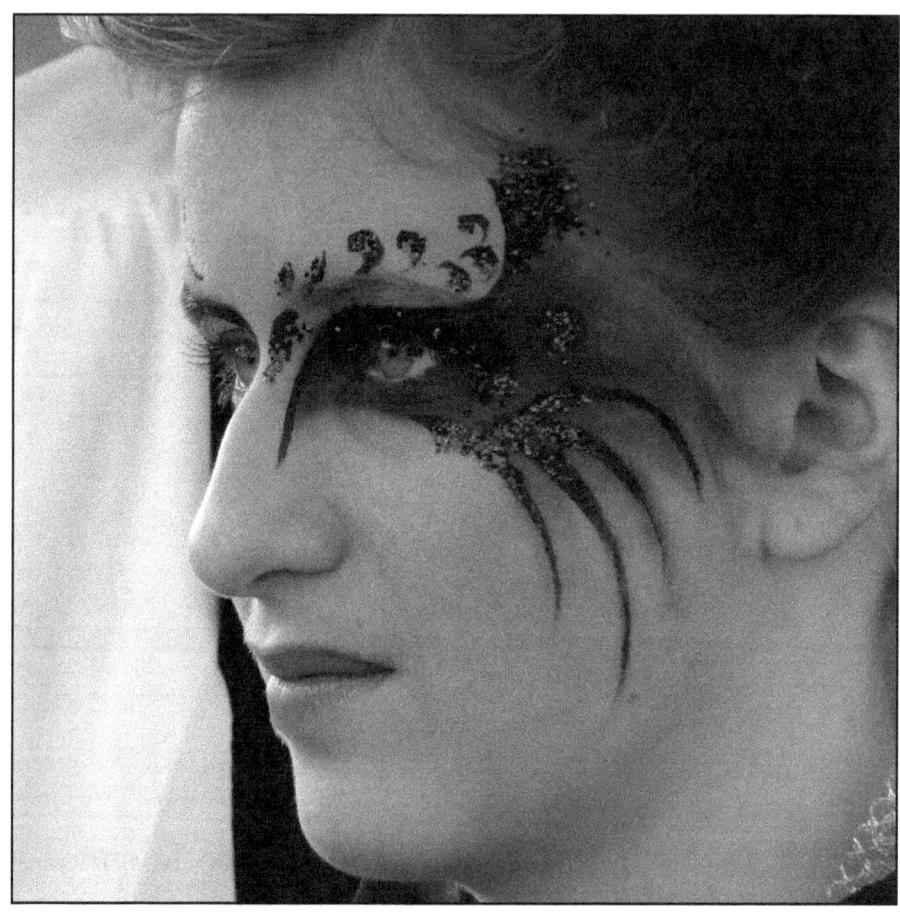

Reine de la fête du mimosa sur l'île d'Oléron. Maquillée pour le spectacle. A qui appartient l'instantané ? Le modèle peut-il récuser le travail du photographe ? Question de notre temps : à qui appartient le regard ?

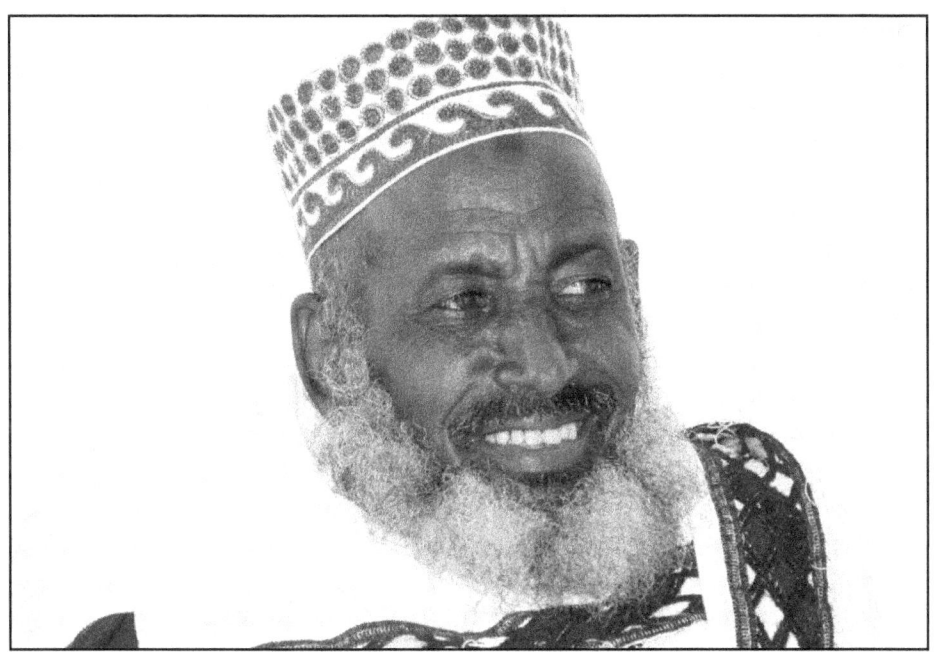

L'après-midi se passe en palabres. Les anciens abordent souvent les sujets politiques, tout en sachant bien qu'il y a tout un monde entre les rêves de fierté et la réalité.

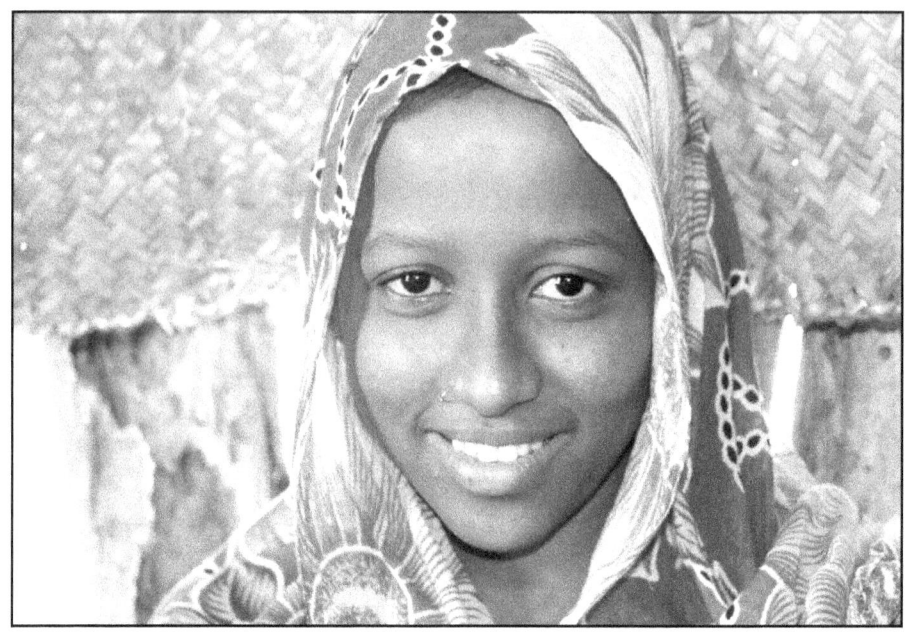

Nous avons connu cette jeune femme avant son mariage. Comme toutes les jeunes filles, elle était chargée des travaux pénibles et répétitifs. Elle devait notamment aller chercher l'eau au puits à 1 km. De 6 à 8 bidons de 25 kg chacun, chaque jour. Mais elle gardait un sourire permanent.

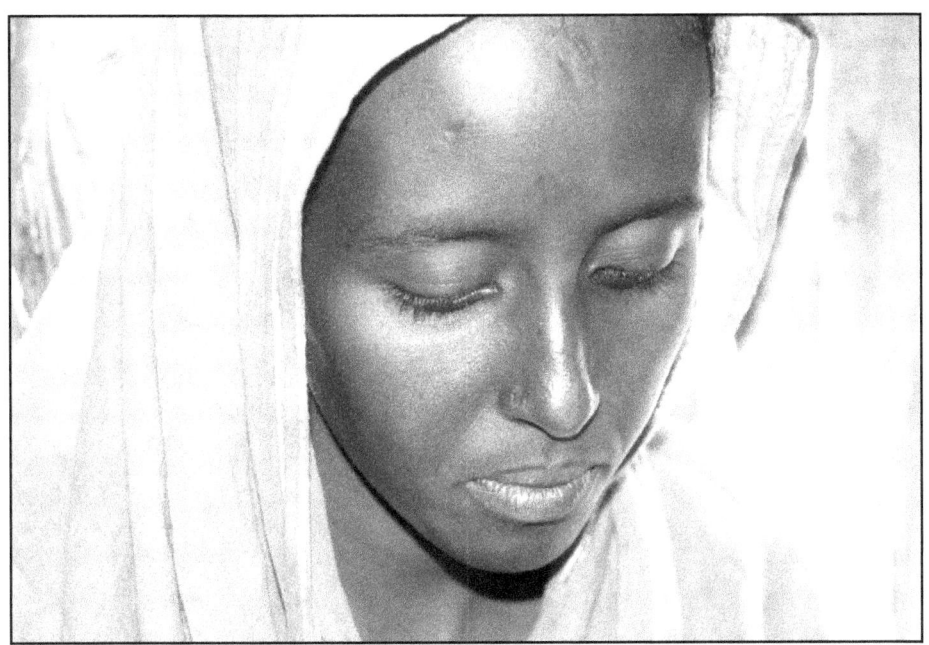

Visage de bronze. De princesse cachée, humble. Sous les yeux clos, il n'y a pas de soumission. Juste une habitude, une loi coutumière.

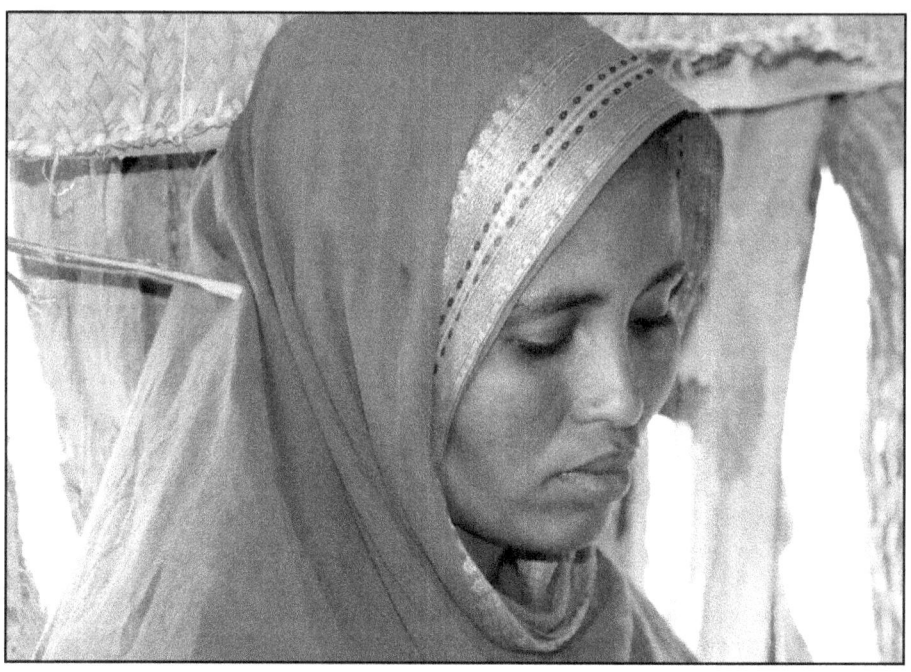

Une grande force émanait de cette femme. Elle apportait à chacun de ses travaux une belle élégance et une fierté sereine.

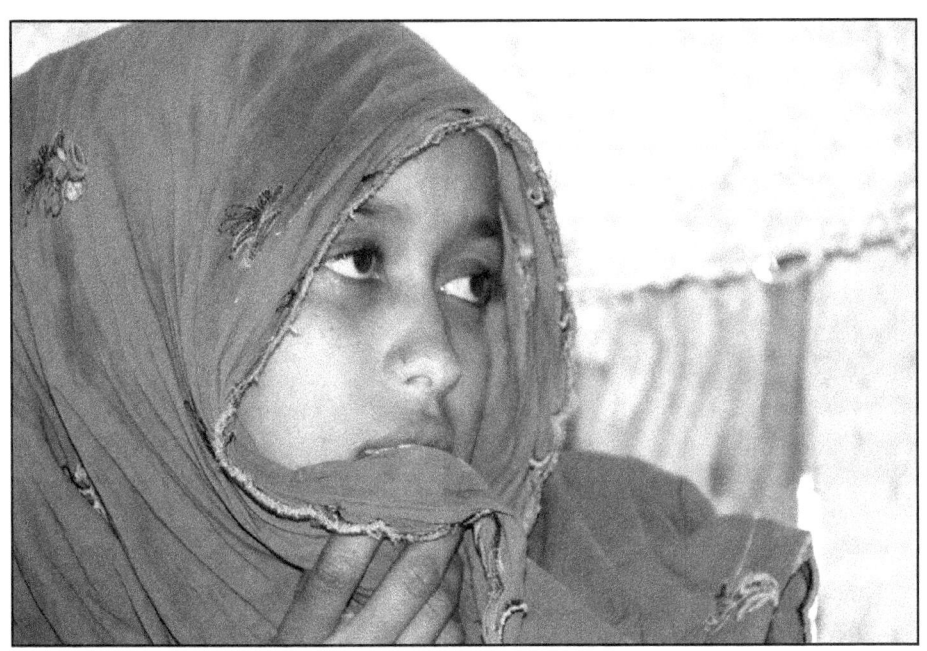

Apprendre à lire, c'est avancer vers un désir et une crainte. Il est nécessaire inconsciemment de se protéger afin de pouvoir calmer l'éblouissement que peut provoquer la lecture d'une phrase.

Mes oiseaux-lyres

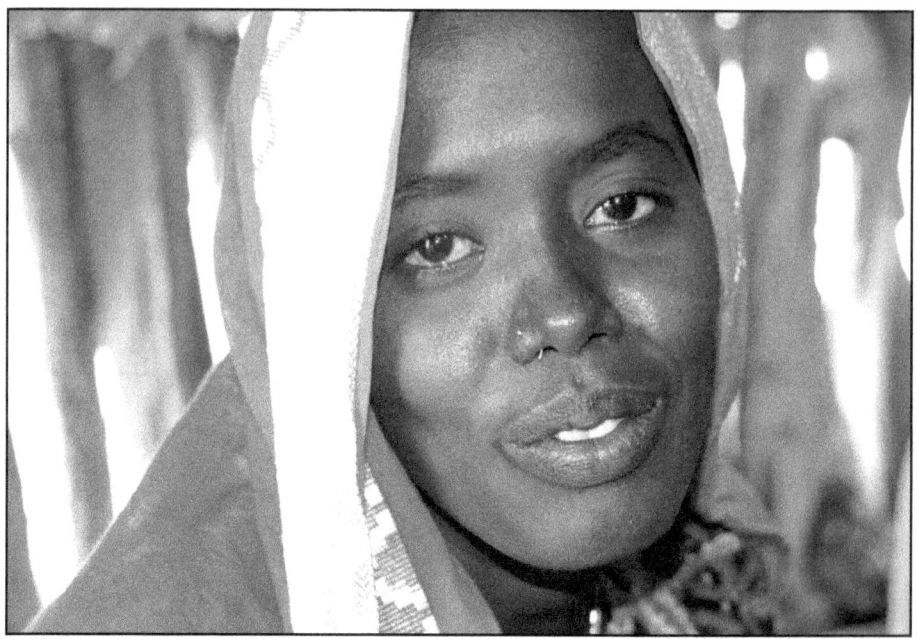

Chaque fois que je la voyais, je sentais que ses yeux me parlaient de son enfermement, des murs dressés par son analphabétisme et de ses désirs de liberté.

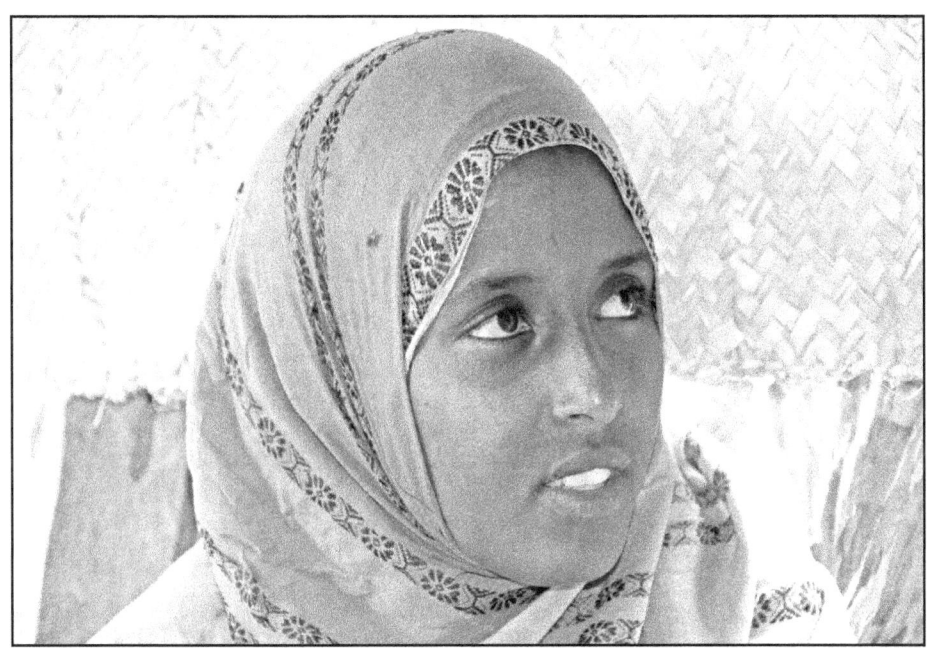

Apprendre à lire est une lutte entre le présent et le futur, le présent des responsabilités (enfants, nourriture, habitation, …) et le futur des probabilités (connaissance, culture, informations, …) Cette lutte se cache sous un sourire pudique.

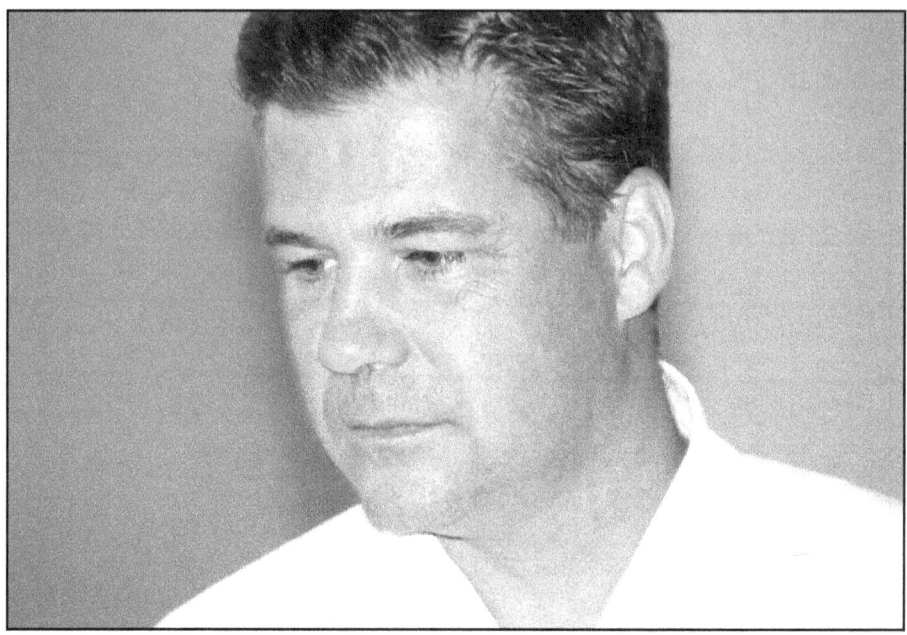

Maîtrise et contrôle sous ce regard tranquille. Le visage est circonspect, peut-être à cause de l'objectif qui, sans être une menace, pose la question du résultat esthétique.

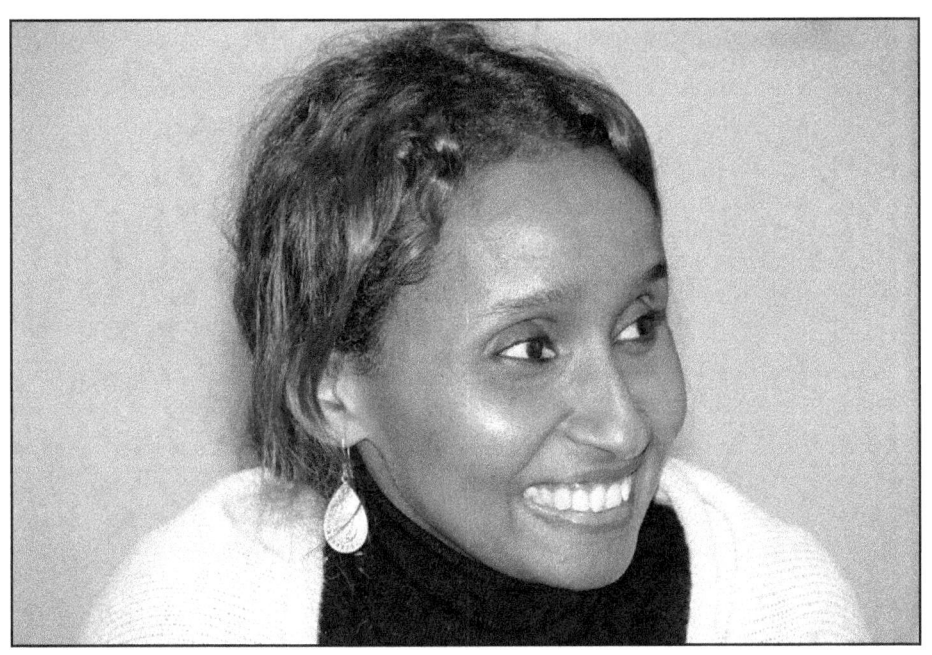

Son sourire éblouissant marque une grande détermination et une grande hauteur de vue. Elle partage volontiers ses espoirs pour créer une communauté de pensée.

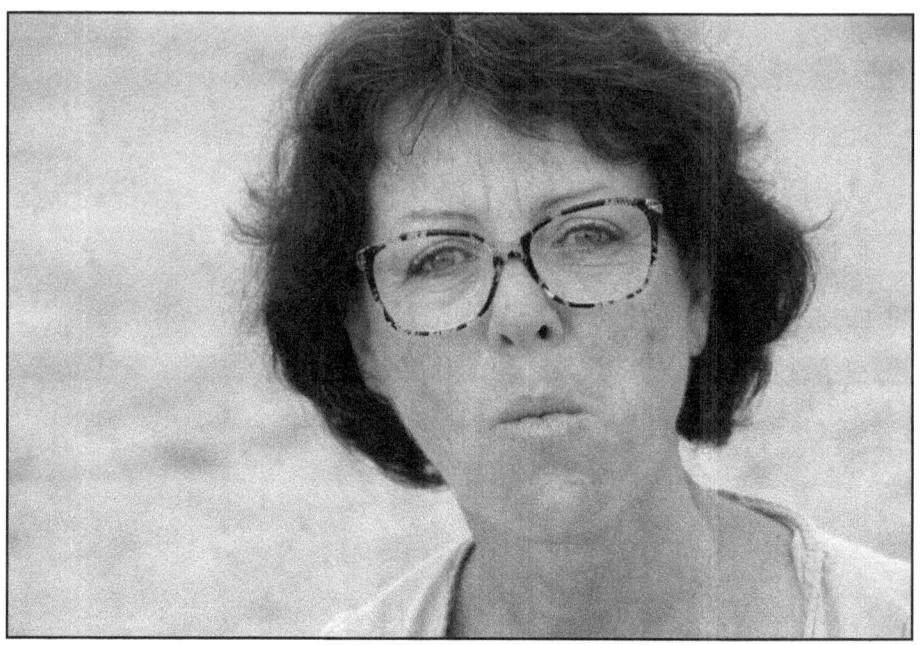

D'accord ! elle mangeait... mais ce visage reste photogénique : les yeux et les lunettes laissent comprendre son plaisir de participer, de partager, et la joie de découvrir.

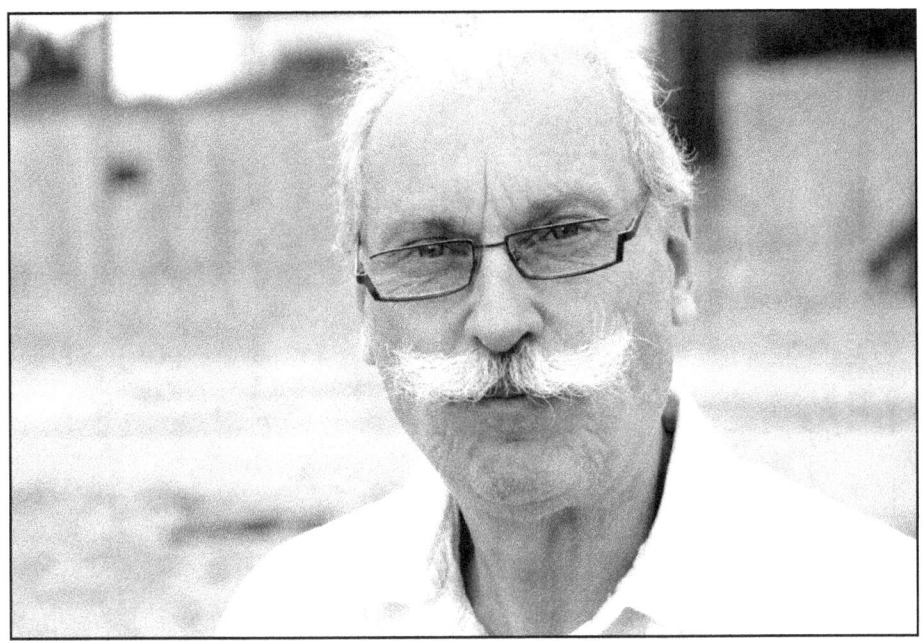

Les moustaches m'ont toujours déconcerté. Elles attirent et en même temps font naître bien des questions. Comment fait-on pour les protéger ? Pour quelles raisons les laisse-t-on pousser ?

- Moustachus, « aimez-vous à ce point les oiseaux
Que paternellement vous vous préoccupâtes
De tendre ce perchoir à leurs petites pattes ? »

Mes oiseaux-lyres

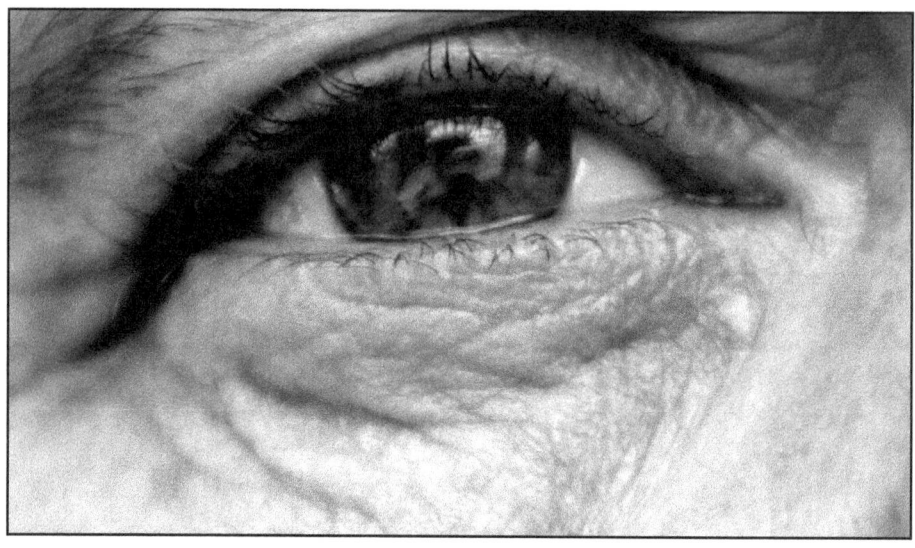

C'est avec cet œil là que je vous ai regardés, mes chers amis et mes belles rencontres. Il y en a bien d'autres que j'ai vus mais qui, malheureusement, n'ont pas laissé leur trace dans mon appareil...

Mes oiseaux-lyres

FIN

www.ingramcontent.com/pod-product-compliance
Lightning Source LLC
Chambersburg PA
CBHW071356210526
45465CB00001B/120